TROIS PAGES

DE

L'HISTOIRE DE LOUIS-PHILIPPE.

PARIS. — IMP. DE H. CARION, PÈRE, RUE RICHER, 20.

TROIS PAGES

DE

L'HISTOIRE

DE

LOUIS-PHILIPPE

PAR

LOUIS DE LA ROQUE.

PARIS,
CHEZ DENTU, LIBRAIRE-ÉDITEUR,
Galerie vitrée, au Palais-Royal.

1852.

AVANT-PROPOS.

AVANT-PROPOS.

> L'histoire ne peut que gagner à être écrite en présence des contemporains, des témoins qui peuvent l'apprécier et la discuter, lorsque les parties intéressées sont encore là pour nier ou pour accepter des assertions publiquement exprimées.
>
> (MICHAUD.)

La donation du 7 août et le décret du 22 janvier qui l'annule ont reporté les esprits vers la Révolution de 1830. Il est impossible en effet de bien apprécier la portée de l'acte du 7 août sans connaître les événements qui l'ont précédé, les circonstances qui l'ont amené. Comme il emprunte à ces événements, à ces circonstances un caractère qu'il est essentiel de lui conserver devant l'histoire, nous allons les raconter.

L'acte du 7 août, tout le monde le reconnaît aujourd'hui, n'a eu d'autre cause que l'avénement de Louis-Philippe au trône. Pour expliquer l'avénement de Louis-Philippe, nous parlerons de l'abdication de Charles X, et avant d'entrer dans les détails de la donation du 7 août, nous dirons un mot de l'avénement de Louis-Philippe.

CHAPITRE I.

L'ABDICATION DE CHARLES X.

L'ABDICATION DE CHARLES X.

— Les d'Orléans sont-ils avec le Roi !
— Non, répond le Dauphin.
— Nous sommes perdus !
(La duchesse D'ANGOULÊME, 1830.)

La branche aînée a été bannie sans loi par la branche cadette.
(DE BROGLIE.)

Depuis la rentrée des Bourbons, en 1814, quelques hommes dévoués aux intérêts, disons mieux, à l'ambition de la maison d'Orléans cherchaient, par tous les moyens, à renverser la branche aînée par la branche cadette (1). Les

(1) *Voir* les Notes historiques.

Ordonnances qui parurent au *Moniteur* du lundi 26 juillet, vinrent leur en fournir l'occasion. En créant le *National*, dont les premiers fonds avaient été fournis par Louis-Philippe, M. Thiers avouait hautement qu'il voulait faire une révolution *au profit de la monarchie contre la dynastie*. Toutes les démarches de ses amis, pendant les *trois glorieuses journées*, ne tendirent qu'à ce résultat.

M. Mignet disait dans la rue d'Artois à un grand nombre d'hommes du peuple :

—Soyez tranquilles, mes amis, vous aurez ce soir le duc d'Orléans pour roi.

M. de Montalivet courait à l'Hôtel-de-Ville réclamer la direction des ponts-et-chaussées.

Lorsqu'on prononçait le mot de République à l'Hôtel-de-Ville, M. Odilon Barrot disait : *Le duc d'Orléans, voilà la meilleure des républiques*.

M. Lafitte envoyait chercher le secrétaire du duc d'Orléans, M. Oudart, et le chargeait d'aller supplier le prince *de bien prendre garde aux filets de Saint-Cloud*.

Il y avait dans ce mot un ingénieux sous-entendu, comme ceux que les anciens attribuent à leurs oracles.

M. Thiers, courrier de M. Lafitte, allait rendre compte le soir à Louis-Philippe et à sa famille des évènements de la journée.

Où était donc Louis-Philippe pendant les quatre jours qui s'écoulèrent entre l'apparition des ordonnances et son arrivée à Paris, le 30 à onze heures du soir?

Il s'était réfugié à Neuilly, dans un lieu connu de sa famille seulement. Il passa la journée du 26 et du 27, chez un employé de son administration forestière, qu'il a depuis magnifiquement récompensé de ses soins.

Neuilly était une position admirable entre la légitimité et la révolution. Paris battu? il allait à Saint-Cloud. Saint-Cloud battu? il allait à Paris.

Mais sur des renseignements que lui porta Madame de Bondy dans la nuit du mardi 27, il fut attendre dans la solitude du Raincy l'effet des coups de canon lointains de la bataille du Louvre.

C'est au Raincy que, 37 ans auparavant, son père avait conspiré et préparé la mort de son Roi, le vertueux Louis XVI!

Quand il n'entendit plus les retentissements du combat, quand il fut bien assuré que la victoire était à son parti, Louis-Philippe, averti par le comte Anatole de Montesquiou, se décide à retourner dans son château de Neuilly. C'est dans la journée du 30 juillet qu'il vint du Raincy à cette résidence, où il rejoignit sa famille. Et ne croyant pas encore devoir se montrer à tout le monde, il fut se cacher dans un pavillon de son jardin, où il resta seul ne recevant personne, jusqu'à ce que la nuit vint le couvrir de son ombre et lui permettre de rentrer dans Paris.

Il y avait deux partis à prendre, pour M. le duc d'Orléans : le premier, et selon nous le plus honorable, était de courir à Saint-Cloud, de s'interposer entre Charles X et le peuple, afin de sauver la couronne de l'un et la liberté de l'autre; le second, consistait à se jeter dans les barricades, le drapeau tricolore au poing, et à se montrer à la tête de l'insurrection. Il a préféré, dit Châteaubriand, escamoter la couronne du roi et la liberté du peuple.

« M. le duc d'Orléans avait toujours eu pour « le trône ce penchant que toute âme bien « née sent pour le pouvoir. Suivez ce prince « dans sa vie, il ne dit et ne fait jamais rien « de complet, et laisse toujours une porte « ouverte à l'évasion. Pendant la Restauration « il flatte la cour et encourage l'opinion libé« rale. Neuilly est le rendez-vous des mécon« tentements et des mécontents. On soupire, on « se serre la main en levant les yeux au ciel, « mais on ne prononce pas une parole assez si« gnificative pour être reportée en haut lieu (1).

Pendant ces 4 jours, tous les Orléanistes-doctrinaires et les Doctrinaires-orléanistes se montrèrent aussi prudents que le duc d'Orléans.

---

(1) Mémoires d'Outre-Tombe, t. 9, p. 288.

Si nous voulions les suivre dans leurs différents conciliabules, chez M. de Laborde le 26, chez M. Casimir Périer le 27, chez M. Audry de Puyraveau le 28, chez M. Lafitte le 29, nous les verrions défendre chacun à leur tour le maintien de la puissance royale de Charles X, et se déclarer les champions *des doléances respectueuses, du retrait des ordonnances, et de la légalité à tout prix.*

M. Dupin se distinguait entre tous ses collègues par une prudence qui ne l'a pas abandonné depuis.

Le 26, à onze heures du matin, les rédacteurs et gérants des journaux de l'opposition se trouvaient réunis chez lui, comme avocat du *Constitutionnel* et membre de la chambre des Députés.

Il s'agissait d'aviser aux moyens d'organiser la résistance. Peu rassurés sur le dévoûment et la fermeté de M. Dupin, les journalistes avaient amené avec eux MM. Barthe, Mérilhou et Odilon-Barrot. La précaution ne fut pas inutile, car

M. Dupin, craignant de se compromettre, déclara, avec la brusquerie qu'on lui connaît, *que s'il avait bien voulu ouvrir son cabinet à une consultation purement de droit, il ne l'aurait pas ouvert à une consultation politique.*

— Mais en nous adressant au *jurisconsulte* nous avons voulu aussi parler au *député*, lui fit observer le rédacteur du *Journal de Paris.*

— *Je ne suis plus député*, lui répond M. Dupin.

Le 29, chez M. Lafitte, il exagérait, de concert avec M. de Broglie, les dangers d'une république, et soutenait avec une énergie très peu parlementaire la nomination du duc d'Orléans à la lieutenance générale du royaume, proposée par M. Lafitte, *comme le seul moyen de fixer toutes les incertitudes* et d'arrêter le torrent. Mais il courait quelques heures après à l'hôtel du duc de Choiseul et disait, en présence du chevalier de Pannat, en entendant parler des succès des troupes royales :

— Les troupes royales l'emportent sur tous

les points, *et c'est ma foi très heureux.*

Le même jour, M. Guizot, pour ne rien décider, demandait la création d'une *Commission Municipale*, et s'opposait, avec le général Lobau, à ce que cette commission prît le nom de *Gouvernement provisoire* proposé par M. Mauguin.

Le 30, les députés, au nombre de trente-quatre, réunis au Palais-Bourbon, se montraient un peu moins timides. *Ils pensaient qu'il était urgent de prier S. A. R. Monseigneur le duc d'Orléans de se rendre dans la Capitale pour y exercer les fonctions de lieutenant général du royaume.* Mais aucun d'eux n'osait, dit-on, mettre sa signature au bas de cette décision.

Peu rassuré sans doute sur la pensée secrète qui l'avait provoquée, M. Villemain, cédant à l'honnêteté de sa nature, déclarait *qu'en descendant dans sa conscience il n'y trouvait pas la conviction que le droit de changer une dynastie lui eût été conféré par ses commettants.*

Le général Sébastiani, qui venait de répondre à ceux qui lui parlaient du drapeau tricolore *qu'il n'y avait de national que le drapeau blanc*, lui faisait observer que la question de changement de dynastie était étrangère à l'acte que la réunion venait de voter (1).

Les Orléanistes se montraient donc très prudents, parce qu'ils songeaient qu'il y avait encore une armée royale de 12,000 hommes, et que la route n'était pas longue de Paris à Saint-Cloud.

La voix de la prudence parlait plus haut que celle de l'ambition.

A mesure que le danger s'éloignait et qu'il devenait évident que Charles X ne voulait rien tenter, l'ambition l'emportait sur la prudence.

Une ordonnance du Roi du 29 juillet révoqua les ordonnances du 25 et fixa l'ouverture des Chambres au 3 août.

---

(1) Procès-verbal de la première réunion secrète des députés au Palais-Bourbon le 30 juillet 1830, à midi.

« Charles, etc.

« Sur le rapport du président de notre Conseil « des Ministres (M. le duc de Mortemart).

« Nous avons ordonné et ordonnons ce qui « suit :

« Art. 1. Les ordonnances du 25 juillet « relatives à la suspension de la liberté de « la presse, aux nouvelles élections, à la « convocation des chambres et aux nomina- « tions faites dans le Conseil d'Etat sont rap- « portées.

« Art. 2. La session de la chambre des « Pairs et de la chambre des Députés s'ouvrira « le 3 août prochain. »

Après le retrait des ordonnances, M. Lafitte et les députés réunis chez lui auraient consenti à se réconcilier avec la dynastie.

La réconciliation pouvait se faire avec la Régence de M. le duc d'Orléans qui répondait aux secrètes espérances de beaucoup de grands personnages.

« Une seule combinaison, dit M. Louis Blanc,

« pouvait empêcher à la fois et le principe de « la légitimité de succomber en France et la « royauté d'y provoquer trop ouvertement l'es- « prit révolutionnaire, c'était celle qui, en res- « pectant les droits d'Henri V, aurait confié à la « prudence du duc d'Orléans les destinées de « la monarchie. Telle fut un moment la pensée « de M. de Talleyrand. »

L'espoir de faire réussir cette combinaison dut influer beaucoup sur la nomination du duc d'Orléans à la lieutenance générale du royaume par les 34 députés qui avaient la prétention de représenter une chambre de 430 membres.

Louis-Philippe, instruit par M. Thiers de ce qui se passait, comprit qu'il n'y avait plus un instant à perdre, il s'empressa de se rendre à Paris, le 30 juillet, à onze heures du soir, à pied, vêtu en bourgeois, accompagné de MM. Oudart, son secrétaire, Heymès et de Berthois, qui furent depuis ses aides-de-camp.

Aussitôt après son arrivée, il mande auprès de lui M. Lafitte.

Le duc d'Orléans s'aperçut bien vite que la révolution allait s'arrêter à l'abdication du Roi, et qu'au lieu d'un trône qu'il était venu chercher à Paris il ne trouverait qu'un fauteuil de régent. Il se hâta donc par ce mot : *surtout point d'enfant, point de régence*, de rendre impossible une combinaison qui sauvait du moins le principe monarchique.

Dans la même nuit il avait aussi mandé près de lui, M. de Mortemart, *dans l'intérêt du Roi*. Que son langage fut différent de celui qu'il venait de tenir à M. Lafitte !

« Duc de Mortemart, si vous voyez le Roi « avant moi, dites-lui qu'ils m'ont amené de « force à Paris, mais que je me ferai mettre « en pièces plutôt que de me laisser poser la « couronne sur la tête. »

Le lendemain il écrivait lui-même à Charles X:

« M. de . . . dira à Votre Majesté comment « l'on m'a amené ici par force ; j'ignore jusqu'à « quel point ces gens-ci pourront user de vio- « lence à mon égard : mais si dans cet affreux

« désordre il arrivait que l'on m'imposât un « titre auquel je n'ai jamais aspiré, que Votre « Majesté soit bien persuadée que je n'exerce- « rais toute espèce de pouvoir que temporaire- « ment, et dans le seul intérêt de notre maison.

« J'en prends ici l'engagement formel envers « Votre Majesté. Ma famille partage mes senti- « ments à cet égard.

« Palais-Royal, 31 juillet 1830 (1). »

Cette lettre écrite le samedi ne dut être connue du Roi que le dimanche, et il est impossible de ne pas affirmer qu'elle décida Charles X à signer, le lendemain lundi, son abdication qu'il adressait en ces termes au duc d'Orléans :

Rambouillet, le 2 août 1830.

« Mon cousin, je suis trop profondément « peiné des maux qui affligent ou qui pourraient » menacer mes peuples pour n'avoir pas cher-

---

(1) De la Force du Droit par M. le *Duc de Valmy*, p. 158, 2e édition, 1850.

« ché un moyen de les prévenir. J'ai donc pris « la résolution d'abdiquer la couronne en fa- « veur de mon petit-fils le duc de Bordeaux.

« Le Dauphin, qui partage mes sentiments, « renonce aussi à ses droits en faveur de son « neveu.

« Vous aurez donc, en votre qualité de lieu- « tenant-général du royaume, à faire proclamer « l'avènement d'Henri V à la couronne. Vous « prendrez d'ailleurs toutes les mesures qui « vous concernent pour régler les formes du « gouvernement pendant la minorité du nou- « veau roi. Ici je me borne à faire connaître « ces dispositions ; c'est un moyen d'éviter en- « core bien des maux.

« Vous communiquerez mes intentions au « corps diplomatique, et vous me ferez connaî- « tre le plutôt possible la proclamation par la- « quelle mon petit-fils sera reconnu roi sous le « nom d'Henri V.

« Je charge le lieutenant-général vicomte de « Latour-Foissac de vous remettre cette lettre.

« Il a ordre de s'entendre avec vous pour les ar-
« rangements à prendre en faveur des person-
« nes qui m'ont accompagné, ainsi que pour les
« arrangements convenables pour ce qui me
« concerne et le reste de ma famille.

« Nous réglerons ensuite les autres mesures
« qui seront la conséquence du changement de
« règne.

« Je vous renouvelle, mon cousin, l'assu-
« rance des sentiments avec lesquels je suis
« votre affectionné cousin,

« CHARLES, LOUIS-ANTOINE. »

Si M. le duc d'Orléans eût été capable d'émotion ou de remords, cette signature : *votre affectionné cousin*, n'aurait-elle pas dû le frapper au cœur !

Charles X ne pensait pas que son abdication pût entraîner la chute de son petit-fils, surtout dans une crise que le premier prince du sang était en mesure de dominer. Sa confiance à cet égard était si grande qu'il manda auprès de lui le général de Latour-Foissac et lui donna, en présence du baron de Damas, diverses instructions relatives à la rentrée du duc de Bordeaux dans Paris. Le dauphin aurait cru calomnier le sang d'Henri IV en prêtant à un prince du même sang l'intention d'usurper la couronne!!!

Hélas! le crime du 21 janvier, l'usurpation de Louis-Philippe en 1830, la conduite des hôtes de Claremont, prouvent bien que depuis cent ans il n'y a plus de princes du sang d'Henri IV dans la maison d'Orléans!

Après l'abdication du Roi et du Dauphin, la Régence repoussée par le duc d'Orléans, il ne restait à la chambre des Députés que deux partis à prendre :

La *République* ou la *Royauté de Louis-Philippe*.

La République! pas un des 219 ne la voulait.

Faire un Roi du duc d'Orléans? le trône n'était pas vacant par l'abdication de Charles X et du Dauphin. Le duc de Bordeaux restait seul de droit Roi de France, et Louis-Philippe vit bien que *la majorité* des 219 n'irait jamais jusqu'à prononcer la déchéance et l'exil de trois générations de rois pour lui offrir la couronne.

Il fallait donc forcer Charles X et la famille royale à quitter le territoire français. Dès lors, la chambre des députés devait, pour faire réussir la conspiration, déclarer *en fait et en droit le trône vacant*, et, *l'intérêt universel et pressant du peuple français* aidant, y appeler le prince *qui n'avait pas hésité à venir partager ses dangers* (1).

Ce plan, comme nous le verrons plus loin, convenait parfaitement aux orléanistes, qui avaient la prétention de créer à Louis-Philippe une espèce de monarchie légitime qu'ils ont cherché à introduire dans notre droit public sous la curieuse dénomination de *quasi-légitimité;* mais en dépit de tous leurs efforts,

---

(1) Voir les notes historiques.

cette monarchie n'a jamais été, selon l'expression de Châteaubriand, qu'*une monarchie batarde d'une nuit sanglante.*

L'acte d'abdication de Charles X et du Dauphin avait été remis au duc d'Orléans le jour même où il avait été signé, c'est-à-dire le 2 août. Dès ce moment, tout s'organise dans le but que nous venons d'indiquer.

Louis-Philippe en ordonne le dépôt aux Archives de la Chambre des Pairs (1).

---

(1) Nous, Louis-Philippe d'Orléans, duc d'Orléans, exerçant les fonctions de lieutenant-général du Royaume, ordonnons que l'acte daté à Rambouillet, le 2 août 1830, par lequel S. M. Charles X abdique la couronne, et S. A. R. Louis-Antoine de France, son fils, renonce aussi à ses droits, sera déposé, dans le plus bref délai possible, aux Archives de la Chambre des Pairs par le commissaire provisoire au département de la justice.

LOUIS-PHILIPPE D'ORLÉANS.

2 Août 1830. (IX. Bull. n° 28.)

Il désigne trois commissaires, le maréchal Maison, M. de Schonen, M. Odilon Barrot, chargés d'aller à Rambouillet contraindre Charles X et sa famille à quitter la France.

En même temps il fait préparer leur embarquement. Le général Hulot fut envoyé à Cherbourg et reçut le commandement des quatre départements qui séparent la capitale de la mer, dans la direction de la Grande-Bretagne.

On enjoignit aussi, dès le 2 août, à Dumont-d'Urville de partir pour le Hâvre en toute hâte, et d'y fréter deux bâtiments de transport.

S'il y avait en France quatre hommes qui n'eussent pas dû accepter un pareil rôle, c'étaient à coup sûr le Maréchal Maison, MM. Odilon Barrot, le général Hulot et Dumont-d'Urville.

Le Maréchal Maison devait sa fortune à Louis XVIII, qu'il avait eu mission d'aller recevoir, en 1814, à sa rentrée en France. En 1830, il accepta, au nom de celui qui tenait de Charles X son titre de lieutenant-général du royaume, d'aller conduire son roi légitime en exil, en reconnaissance de ce qu'il venait de le faire *Maréchal de France* au retour de l'expédition de Morée !

M. Odilon Barrot, volontaire royal en 1815, tenait, *de la munificence* de Louis XVIII, comme il le dit lui-même dans une brochure introuvable depuis 1830 (1), une charge d'avocat à la cour de cassation et aux conseils du roi qu'il s'empressa de vendre 200,000 francs en revenant de Cherbourg, pour se faire nommer Préfet de la Seine.

Le général Hulot n'était que chef d'escadron en 1814, son titre de beau-frère du général Moreau avait causé sa disgrace. L'Empereur Alexandre l'avait nommé *général major* (maréchal de camp). M. Hulot porta pendant quelques jours l'uniforme et la cocarde russe; mais au bout d'une semaine, Louis XVIII reconnut ce grade de maréchal de camp et lui fit prendre

---

(1) *Vie de J.-A. Barrot*, par Odilon Barrot. Imprimée chez Fain, 1815.

rang dans l'armée française. Les Bourbons le créèrent ensuite Chevalier de Saint-Louis, Officier de la Légion-d'Honneur, Commandeur du même ordre; le chargèrent, en 1819, d'une mission fort honorable auprès de l'Empereur de Russie; le nommèrent administrateur général du canal du Midi et comblèrent sa sœur de biens et d'hommages.

Quant à Dumont-d'Urville, il avait été envoyé à la recherche du malheureux Lapeyrouse, et à son retour, il reçut le grade de capitaine des mains du même prince qui allait être son prisonnier!

Plaignez-vous donc de l'ingratitude des rois !

Mais ce n'était pas chose facile que de décider, à quitter la France, un prince qui avait auprès de lui des troupes fidèles et dévouées, 40 pièces de canon et les droits de son petit-fils à défendre.

Louis-Philippe l'avait compris; aussi le 3 août, pour l'effrayer, il pousse vers Rambouillet, sous le commandement du général Pajol, les héros des trois journées dont l'agitation effrayait déjà la capitale (1).

Les commissaires eurent ainsi un motif pour exagérer à Charles X les dangers que courait la famille royale; ils semaient eux-mêmes l'effroi sur leur passage pour qu'il gagnât de proche en proche.

Partis le 2 au soir pour Rambouillet, ils n'y arrivèrent qu'au milieu de la nuit. Charles X ne voulut pas les recevoir, ce qui dément complétement que le Roi eut demandé une sauvegarde à son cousin, comme Louis-Philippe l'a fait écrire plus tard.

Ils furent obligés de retourner à Paris, où le duc d'Orléans, éveillé en sursaut, sauta au bas de son lit et vint leur parler en caleçon : *Il faut qu'il parte*, s'écria-t-il à plusieurs reprises, *il faut l'effrayer*.

Le lendemain, ils reprennent le chemin de Rambouillet, bien édifiés sur les intentions du

---

(1) Voir les notes historiques.

duc d'Orléans, s'ils avaient pu s'y méprendre la veille.

Charles X leur dit en les abordant :

— Que me voulez-vous, Messieurs? tout est réglé maintenant, et je me suis entendu avec mon Lieutenant-général.

— Mais, Sire, répondit le maréchal Maison, *c'est précisément lui qui nous envoie*, pour prévenir votre majesté que le peuple de Paris marche sur Rambouillet, et pour la supplier de ne point s'exposer aux suites d'une attaque furieuse.

— Soixante mille hommes menacent Rambouillet » ajouta le maréchal Maison.

On conçoit tout ce qu'avait de grave cette parole dans la bouche d'un Maréchal de France, ancien Gouverneur de Paris.

— Maréchal, lui dit le Roi, je crois à votre loyauté : je suis prêt à me fier à votre parole ; est-il vrai que l'armée parisienne qui s'avance soit composée de soixante mille hommes ?

— Oui, sire.

— Je ne veux pas recommencer une nouvelle lutte, ajouta Charles X, assez de sang français a été répandu ! »

Et il se décida à partir.

A dix heures du soir on fait sonner le boute-selle; tout le camp se met en route pour Maintenon, Charles X et sa famille marchant au milieu de la colonne funèbre qu'éclairait à peine la lune voilée.

« Et devant qui se retirait-on? dit Chateau-« briand, devant une troupe presque sans ar-« mes, arrivant en omnibus, en fiacres, en « petites voitures de Versailles et de Saint-« Cloud. Le général Pajol se croyait bien perdu « lorsqu'il fut forcé de se mettre à la tête de « cette multitude, laquelle, après tout, ne s'é-« levait pas à plus de quinze mille individus, « avec l'adjonction des Rouennais arrivés. La « moitié de cette troupe restait sur les chemins. « Quelques jeunes gens exaltés, vaillants et gé-« néreux, mêlés à ce ramas, se seraient sacri-« fiés, le reste se fût probablement dispersé.

« Dans les champs de Rambouillet, en rase campagne, il eut fallu aborder le feu de la ligne et de l'artillerie; une victoire, selon toutes les apparences, eut été remportée.

« Quoi! parmi tant d'officiers, il ne s'en est pas trouvé un assez résolu pour se saisir du commandement au nom d'Henri V? Car, après tout, Charles X et le Dauphin n'étaient plus rois!

« Ne voulait-on pas combattre : que ne se retirait-on à Chartres? Là, on eut été hors de l'atteinte de la populace de Paris; encore mieux à Tours, en s'appuyant sur les provinces légitimistes. Charles X, demeuré en France, la majeure partie de l'armée serait demeurée fidèle. Les camps de Boulogne et de Lunéville étaient levés et marchaient à son secours. Si, rendu dans une ville à l'abri d'un premier coup de main, Charles X eut convoqué les deux chambres, la moitié de ces deux chambres aurait obéi. Le Lieutenant-général du royaume, mandé par le roi, et ne

« voyant pas la bataille gagnée, se serait dérobé « à ses partisans et conformé à l'injonction « royale. Le corps diplomatique, qui ne fit pas « son devoir, l'eut fait alors en se rangeant au- « tour du monarque.

« La République installée à Paris au milieu de « tous les désordres, n'aurait pas tenu un mois « en face d'un gouvernement régulier constitu- « tionnel établi ailleurs. Jamais on ne perdit la « partie à si beau jeu. »

M. de Châteaubriand a eu depuis parfaitement raison. Mais en quittant Rambouillet, Charles X ne pensait pas que les droits de son petit-fils pussent être mis en question.

— Si les droits de mon petit-fils n'étaient pas réservés, dit-il aux commissaires, je les défendrai jusqu'à la dernière goutte de mon sang ! »

Le Roi devait d'autant plus s'en rapporter à la parole des commissaires envoyés par Louis-Philippe, qu'il avait toujours eu en son cousin le duc d'Orléans une confiance exagérée.

Sous la Restauration, lorsqu'il venait de le

faire le prince le plus riche de toute l'Europe, il répondait à ceux qui l'accusaient de conspirer :

— Le duc d'Orléans conspirer !... Il est trop heureux pour cela. »

Le 31 juillet 1830, lorsque M. de Conny demandait au Roi comment il se faisait que dans les circonstances terribles où se trouvait la monarchie, le duc d'Orléans ne fût pas accouru à Saint-Cloud :

— Je le crois à Saint-Leu. Mais mon cousin n'accéderait jamais aux propositions qui lui seraient faites. Le souvenir de son père est présent à sa pensée. Son fils nous est attaché. »

Cette conviction était si profondément gravée dans le cœur de Charles X, qu'un officier qui avait été chargé par le prince de Luxembourg d'éclairer la route de Neuilly, ayant dit à son retour qu'il avait remarqué un mouvement inaccoutumé dans le parc et aux environs du château, et que s'il y avait été autorisé, il lui eut été facile d'enlever le duc d'Orléans. Charles X, entendant ces derniers mots, dit à l'officier d'un ton sévère :

— Si vous eussiez fait cela, Monsieur, je vous aurais hautement désavoué. »

D'un autre côté, nous venons de voir que le duc d'Orléans n'avait rien négligé pour persuader encore plus, s'il était possible, à Charles X, qu'il n'était venu à Paris que pour défendre son autorité méconnue et dans le seul intérêt de sa maison.

Quelques jours avant l'apparition des ordonnances, Louis-Philippe et Marie-Amélie étaient allés voir le roi à Saint-Cloud. Nul doute qu'ils n'eussent reçu la confidence du coup d'état; ce qu'il y a de bien certain, c'est qu'en se séparant ils dirent à Charles X : *Sire, vous pouvez compter sur nous* (1).

---

(1) Louis-Philippe connaissait-il les ordonnances avant leur publication? Voici ce que nous assure à cet égard une personne digne de foi : le jeudi 22 juillet, quatre jours

La démarche des Commissaires eut donc un plein succès, croyant à leur loyauté, se fiant à leur parole, Charles X se décida à partir avec toute sa famille, et le 3 août, à dix heures du soir, ils purent rassurer en ces termes S. A. R. le Lieutenant-général du royaume.

Rambouillet, le 3 août 1830, dix heures du soir.

« Monseigneur,

« *C'est avec bonheur* que nous vous annon-
« çons le succès de notre mission.

---

avant l'apparition des ordonnances, M. Molé dînait chez le duc d'Orléans, au Palais-Royal.

—M. Molé, lui dit Louis-Philippe, je vous annonce que les Ordonnances seront au *Moniteur* de lundi.

— C'est impossible, lui dit M. Molé, on ne commettra jamais une pareille folie.

— Je vous dis qu'elles y seront, et je crois qu'elles passeront.

« *Le roi se détermine à partir avec toute sa* « *famille.* Nous vous apporterons, avec la plus « grande exactitude tous les détails, tous les « incidents de ce voyage.

« Puisse-t-il se terminer heureusement !

« Nous suivons la route de Cherbourg ; nous « partons dans une demi-heure ; toutes les « troupes sont dirigées sur Epernon, et demain « matin on déterminera quelles sont celles qui « suivront définitivement le Roi.

« De Schonen.

« Maréchal Maison.

« Odilon Barrot (1).

Le Roi partit avec son auguste famille pour Cherbourg, par la route de Dreux.

A Maintenon, le 4 au matin, on décida que S. M. serait accompagnée seulement par les gar-

---

(1) *Moniteur* du 5 août 1830.

des-du-corps et par la gendarmerie d'élite avec six pièces de canon. Tous les autres corps de la garde devaient se rendre à Chartres.

Voici l'ordre du jour dans lequel le roi Charles X leur faisait ses adieux :

« Maintenon, 4 août.

« Aussitôt après le départ du Roi, tous les ré-
« giments d'infanterie de la garde et de la gen-
« darmerie se mettront en marche sur Chartres,
« où ils recevront tous les vivres qui leur sont
« nécessaires. MM. les chefs de corps, après
« avoir rassemblé leurs régiments, leur déclare-
« ront que Sa Majesté se voit, avec la plus vive
« douleur, obligée de se séparer d'eux ; qu'elle
« les charge de leur témoigner sa satisfaction et
« qu'elle conservera toujours le souvenir de leur
« belle conduite, de leur dévouement à suppor-
« ter les fatigues et les privations dont elles ont
« été accablées pendant ces circonstances mal-

« heureuses. Le Roi transmet pour la dernière « fois ses ordres aux braves troupes de sa garde « qui l'ont accompagné : c'est de se rendre à « Paris, où elles feront leur soumission au lieu« tenant-général du royaume qui a pris toutes « les mesures pour leur sûreté et leur bien-être « à venir. »

Le lendemain, M. le lieutenant-général Gérard était envoyé comme Ministre de la guerre pour recevoir leur soumission et les diriger successivement sur les cantonnements qui leur étaient assignés.

Le 11 août, la garde fut licenciée par une ordonnance de Louis-Philippe.

C'est à Argentan, le 9, que Charles X apprit l'avénement de l'usurpation. Le vieux Roi, environné de toute sa famille, alla s'agenouiller dans la cathédrale et prier pour la France.

Le lendemain, un nouveau commissaire arrivait avec la mission de hâter la marche du cortége. C'était M. de la Pommeraye, député du Calvados.

Le 14 août, Charles X rentrait à Valognes. C'est à Valognes qu'eut lieu le 15, jour de l'Assomption, l'une des scènes les plus pénibles que la famille royale ait eu à souffrir pendant ce déplorable voyage. Ce jour avait été désigné pour la remise au Roi des étendards des gardes-du-corps.

A onze heures chaque compagnie est introduite à son rang d'ancienneté (1), dans le salon où se trouvaient réunis le Roi, le Dauphin, Madame la Dauphine, *Madame* Duchesse de Berry, M. le Duc de Bordeaux et Mademoiselle.

Chaque étendard est escorté par les six plus anciens gardes de la compagnie.

Il est impossible de rendre l'effet d'un tel spectacle. Ce fut une cérémonie pleine de larmes et d'enseignements. Le Roi, d'une voix étouffée par les sanglots, remercie tour à tour chaque

---

(1) Voir les Notes historiques.

compagnie du dévoûment et de la fidélité que les gardes lui ont montrés.

Puis il dit :

« Messieurs, je reprends ces étendards, vous « avez su les conserver sans tâche ; mon petit- « fils vous les rendra... »

Le soir, on remit à chaque garde, par ordre du Roi, un imprimé de la pièce suivante :

« Le Roi, en quittant le sol français voudrait « pouvoir donner à chacun de ses gardes du « corps et à chacun de MM. les Officiers, Sous- « Officiers et Soldats qui l'ont accompagné jus- « qu'à son vaisseau, une preuve de son attache- « ment et de son souvenir ; mais les circonstan- « ces qui affligent le Roi ne lui laissent pas la « possibilité d'écouter le vœu de son cœur. Pri- « vée des moyens de reconnaître une fidélité si « touchante, Sa Majesté s'est fait remettre les « contrôles des compagnies de ses gardes du « corps, de même que l'État de MM. les Officiers « généraux, Supérieurs et autres, ainsi que des « Officiers, Sous-Officiers et Soldats qui l'ont

« suivie ; leurs noms, conservés par M. le duc de « Bordeaux, demeureront inscrits dans les ar« chives de la famille royale, pour attester à ja« mais, et les malheurs du Roi, et les consola« tions qu'il a trouvées dans un dévoûment si « désintéressé.

« CHARLES. »

« Valognes, 15 août 1830. »

On a dit que depuis Rambouillet, la retraite de Charles X avait l'air d'un *convoi* : oui sans doute, mais il avait pour escorte le deuil de toute la France, car c'était le convoi de la monarchie.

A Cherbourg, en traversant l'arsenal de la marine, un régiment, le 64e de ligne, bordait la haie. Les soldats présentèrent les armes au Roi; les officiers le saluèrent du sabre d'un mouvement spontané, sans ordre et dans un silence grave.

« Ainsi devait tomber le gouvernement de la « Restauration, après avoir créé dans le pays

« plus de richesses matérielles et morales qu'il « n'en pourra détruire au milieu de ses révolu- « tions (1). »

Une heure après, Charles X et sa famille s'embarquaient sur le navire *la Grande Bretagne.* Une heure après, le vent emportait nos derniers princes vers je ne sais plus quelles rives.

« Procès-verbal.

« Nous, commissaires délégués auprès du roi « Charles X pour le conduire, lui et sa famille, « à Cherbourg et veiller à leur sûreté, nous étant « transportés à bord du navire américain *la* « *Grande-Bretagne*, nous avons constaté que « le roi Charles X, leurs Altesses royales, Louis « Antoine Dauphin, madame la Dauphine, mon- « seigneur le duc de Bordeaux, madame la du- « chesse de Berry et Mademoiselle ont été em-

---

(1) Francis Lacombe (Hist. de la Bourgeoisie).

« barqués sur ce navire le 16 du mois d'août « 1830, à 2 heures, et à 3 heures précises ont « quitté le rivage de France pour faire voile vers « la côte d'Angleterre, de tout quoi nous avons « dressé le procès-verbal et l'avons signé.

Fait à Cherbourg, le 16 août 1830.

« *Le Maréchal Maison, de Schonen,*
« *de la Pommeraye, Odilon Barrot* (1). »

Un brick, dit Louis Blanc, commandé par le capitaine Thibault avait reçu l'ordre d'escorter le navire *la Grande-Bretagne* et de le *couler bas* pour peu que Charles X eut essayé d'agir en maître.

Craignant et avec raison, peut-être, que l'histoire ne leur demandât compte un jour d'une pareille mission, M. Odilon Barrot sollicita de

---

(1) *Moniteur* du 19 août 1830.

la main de Charles X, au nom de ses collègues, un écrit qui pût attester *le respect et les égards dont ils avaient fait preuve.*

Si M. Odilon Barrot a cru dégager ainsi sa responsabilité devant l'histoire, nous donnons cette attestation avec grand plaisir.

A bord de *la Grande-Bretagne*, Charles X lui remit cet écrit de sa main :

« *Je me plais à rendre à MM. les commis-* « *saires, la justice qui leur est due ainsi qu'ils* « *m'en ont témoigné le désir. Je n'ai qu'à me* « *louer de leurs attentions et de leur respect* « *pour ma personne et ma famille.* »

« Charles X. »

La vertueuse fille de Louis XVI! l'héroïne du Temple! celle dont les malheurs sont devenus une des gloires de la France et qui n'a vécu que pour oublier et pardonner, leur donna son blanc seing.

CHAPITRE II.

AVÉNEMENT DE LOUIS-PHILIPPE.

AVÈNEMENT DE LOUIS-PHILIPPE.

— Monseigneur, je vous plains ! on va placer sur votre tête une couronne de fer rouge.

(DE SÉMONVILLE.)

Que se passait-il au Palais-Bourbon pendant que Charles X cheminait lentement vers Cherbourg, mais avec toute la majestueuse dignité d'un monarque malheureux.

Le 3 août, jour fixé dans l'ordonnance du 29 juillet, les chambres s'ouvrirent : les députés attachaient un grand prix à ce que l'ouverture de la session eut lieu ce jour-là, car le Roi, qui se trouvait encore à Rambouillet, ne s'était pas décidé à partir.

Les Pairs se transportèrent à la chambre des députés. Là, dit Châteaubriand, *fut représenté un autre acte de mélodrame. Le trône resta vide et l'anti-Roi s'assit à côté.* On eût dit un chancelier ouvrant par procuration une session du parlement anglais, en l'absence du souverain. Il parla de la funeste nécessité où il s'était trouvé d'accepter la lieutenance-générale pour nous sauver tous, de la révision de l'article 14 de la Charte, de la liberté que lui, Philippe, portait dans son cœur et qu'il allait faire déborder sur nous, comme la paix de l'Europe. Balayant d'un mot la République, il dit que le nom de la Charte invoqué *pendant le combat* l'était encore *après la victoire*, et qu'attaché de cœur et de conviction aux principes d'un gouvernement libre il en acceptait d'avance toutes les conséquences. Le chancelier voulait devenir Roi. Mais l'attention devint très vive quand il fit cette déclaration :

Messieurs les Pairs et Messieurs les Députés.

Aussitôt que les deux Chambres seront constituées je ferai porter à votre connaissance l'acte d'abdication de S. M. le Roi Charles X. Par ce même acte Louis-Antoine de France Dauphin renonce également à ses droits. Cet acte a été remis entre mes mains hier, 2 août, à onze heures du soir. J'en ordonne ce matin le dépôt dans les archives de la Chambre des Pairs, et je le fais insérer dans la partie officielle du Moniteur.

Par une misérable ruse et une lâche réticence, le duc d'Orléans supprimait ici le nom de Henri V, en faveur duquel les deux Rois avaient abdiqué.

Si, à cette époque, la France eût pu être consultée, il est certain que la majorité se fût prononcée en faveur d'Henri V ; le germe de la légitimité resté en France, les deux vieux Rois allant finir leurs jours à Rome, aucune des difficultés qui entourèrent cette usurpation et qui la rendirent suspecte aux divers partis n'aurait existé. L'adoption des cadets de Bourbon était non-seulement un péril, c'était un contre-sens politique.

La vérification des pouvoirs s'opéra largement, et sans entrer dans de grands détails, parce qu'il était à craindre que si l'on eût agi autrement, la Chambre ne fût pas en nombre.

Le lendemain, les doctrinaires se mirent à l'œuvre; ils s'occupèrent à nous *bâcler* la Charte de 1830, c'est-à-dire à rapetisser à leur taille celle de 1814.

Mais ils eurent cependant à compter avec des passions plus révolutionnaires que les leurs.

Les quelques *changements, suppléments* et *compléments* qui y furent introduits, sont en partie de M. Bérard, ancien rédacteur du *Journal du Commerce*, feuille très dévouée à la faction Orléaniste sous la Restauration.

M. Bérard, pour fermer la porte, dit-il, aux ambitions qui s'agitaient, proposait à la chambre la *déchéance de Charles X* et *la reconnaissance immédiate du duc d'Orléans, lieutenant-général du Royaume, comme Roi des Français.*

C'était rompre avec le passé et briser entièrement la chaîne des traditions; les hommes de la Doctrine n'étaient pas aussi ouvertement révolutionnaires; aussi MM. Guizot et de Broglie proposaient à M. Bérard la rédaction suivante :

« Vu l'acte d'abdication de S. M. Charles X,
« en date du 2 août dernier, et la renonciation
« de S. A. R. Louis-Antoine Dauphin, du même
« jour;

« Considérant, en outre, que S. M. Charles X,
« S. A. R. Louis-Antoine Dauphin et tous les
« membres de la branche aînée de la maison
« Royale sortent en ce moment du territoire
« français;

« Déclare que le trône est vacant et qu'il est
« indispensablement besoin d'y pourvoir. »

On voit qu'ils traduisaient parfaitement bien

la pensée qu'avait eue Louis-Philippe en envoyant les commissaires à Rambouillet pour transporter de gré ou de force Charles X et sa famille hors des frontières du Royaume.

Mais la Providence ne permit pas que celui qui n'avait pas craint de s'emparer, à la faveur des révoltes et des barricades, d'une couronne tombée du front d'un vieillard dans les mains d'un enfant, pût répudier ainsi la maternité de l'insurrection.

Et M. Bérard parla *de la résistance héroïque des citoyens de Paris et du trône vacant en fait et en droit*, rédaction que les 219, tous fiers d'engendrer un roi, votèrent d'acclamation.

— On ne vous le pardonnera jamais, lui dit M. Guizot, qui cependant était un *deux cent dix-neuf*.

Il était juste que celui qui, le 29 juillet, demandait la nomination du duc d'Orléans à la lieutenance-générale du royaume, *pour fixer toutes les incertitudes*, fût chargé de faire un rapport sur la proposition de M. Bérard qui le *voulait nommer Roi pour fermer la porte à toutes les ambitions.*

Donc M. Dupin fut nommé rapporteur et parla beaucoup *de la violation de la Charte, de la légitime résistance du peuple, de la nécessité de proclamer la vacance du trône;* et cependant, le 26 juillet, nous l'avons vu refusant d'ouvrir son cabinet à une consultation politique, déclarer qu'il n'était plus député; le 27, chez M. Casimir Périer, sous la présidence de M. Labbey de Pompières, il défendait *la constitutionalité de la dissolution de la chambre, le maintien de la puissance royale de Charles X, la nécessité de ne point sortir des limites de la légalité, de se borner à provoquer le retrait des ordonnances par de respectueuses remontrances appuyées sur la manifestation de l'opinion publique.*

Pourquoi ce changement, nous pourrions même dire cette apostasie?

Oh! ne le lui demandez pas, il l'ignore peut-être lui-même. Mais si vous le pressez, il pourra bien vous dire que pendant les trois jours il parlait en son nom personnel, tandis que rapporteur à la chambre des députés, il ne fut que l'organe de la commission.

Voici ce qu'en pense M. de Cormenin :

« Le caméléon qui change de couleur à me-
« sure qu'on le regarde, l'oiseau qui fait mille
« crochets et qui s'échappe dans l'air, le disque
« de la lune qui se dérobe sous l'œil au bout du
« télescope, la nacelle qui descend et reparaît
« au sommet des vagues, une ombre qui passe,
« une mouche qui vole, une roue qui tourne, un
« éclair qui brille, un son qui fuit, toutes ces
« comparaisons ne donnent qu'une imparfaite
« idée de la rapidité des sensations et de la
« mobilité d'esprit de M. Dupin.

« Il y a, dans Dupin, deux, trois, quatre
« hommes, une infinité d'hommes différents. Il
« y a l'homme de Saint-Acheul et l'homme
« gallican, l'homme du château et l'homme de
« boutiques, l'homme de courage et l'homme
« de peur, l'homme de prodigalité et l'homme

« d'économie, l'homme de l'exorde et l'homme
« de la péroraison, l'homme qui veut et l'homme
« qui ne veut pas, l'homme du passé et
« l'homme du présent, jamais l'homme de l'a-
« venir.

« Il est auteur, avocat, magistrat, président,
« orateur et diseur de bons mots ! »

Les conclusions de M. Dupin furent adoptées; le 7 août, 252 députés sur 430, dont se composait la chambre, étaient réunis au palais Bourbon; 219 votèrent la déclaration suivante :

« La chambre des Députés, prenant en consi-
« dération l'impérieuse nécessité qui résulte des
« événements des 26, 27, 28, 29 juillet dernier
« et jours suivants, et de la situation générale où
« la France s'est trouvée placée à la suite de la
« violation de la charte constitutionnelle;

« Considérant en outre, que par suite de cette
« violation et de la résistance héroïque des ci-
« toyens de Paris, S. M. Charles X, et S. A. R.
« Louis-Antoine, Dauphin, et tous les membres
« de la branche aînée de la maison royale *sor-*

« *tent en ce moment du territoire fran-*
« *çais*,

« *Déclare que le trône est vacant* en fait et en
« droit et qu'il est indispensable d'y pourvoir ;

« Déclare que l'intérêt universel et pressant
« du peuple français appelle au trône S. A. R.
« Louis-Philippe d'Orléans, lieutenant-général
« du royaume et ses descendants à perpétuité,
« de mâle en mâle, par ordre de primogéniture
« et à l'exclusion perpétuelle des femmes et de
« leur descendance. »

Cependant, pour l'honneur de la France, quelques nobles cœurs, de Cormenin, Berryer, Hyde de Neuville, de Conny, protestèrent contre cette audacieuse violation de toutes les lois et de tous les droits de la nation ; dans des circonstances pareilles les suffrages se pèsent, on ne les compte pas.

Nous avons vu par suite de quelle *résistance héroïque* Charles X et la famille royale sortaient du territoire français. Quant à la violation de la Charte, le soin que les doctrinaires prirent de modifier l'article 14 prouve très bien que Charles X pouvait l'invoquer.

Enfin, sur la proposition de M. Dupin, qui fut adoptée par acclamation, la chambre déclara que la *France reprenait ses couleurs; qu'à l'avenir il ne serait plus porté d'autre cocarde que la cocarde tricolore.* Il était nécessaire, selon M. Dupin, *de faire cesser, en point de droit, les dispositions de loi qui fixaient une autre mode de ralliement.*

Immédiatement après le vote des 219, S. A. R. le prince lieutenant-général du royaume fit annoncer qu'il était prêt à recevoir la Chambre; et les députés, pour mettre de l'ordre dans leur marche, ou plutôt, pour grossir leur nombre, se rendirent de trois en trois au Palais-Royal, avec une aune de ruban tricolore à la boutonnière ou à leur chapeau.

La déclaration de la chambre fut lue à Louis-Philippe et à sa famille par M. Laffitte, vice-président.

Louis-Philippe répondit en ces termes :

« Je reçois avec une profonde émotion la « déclaration que vous me présentez ; je la re- « garde comme l'expression de la volonté natio- « nale, et elle me paraît conforme aux principes « politiques que j'ai professés toute ma vie.

« Rempli des souvenirs qui m'avaient tou- « jours fait désirer de n'être jamais destiné à « monter sur le trône ; *exempt d'ambition,* « et habitué à la vie paisible que je menais dans « ma famille, je ne puis vous cacher tous les « sentiments qui agitent mon cœur dans cette « grande conjoncture ; mais il en est un qui les « domine tous, c'est l'amour du pays : *je sens « ce qu'il me prescrit et je le ferai.* »

Il fut roi dès ce moment ; et, sans Lafayette, prenait le nom de Philippe VII (1) ; son discours fut accueilli par les députés, des cris de *vive le Roi ! vive la Reine ! vive la famille Royale !*

Châteaubriand a dit que *cette royauté arriva*

---

(1) *Voir* les Notes historiques.

par hasard, comme on retourne une carte qui devient un atout (1), mais il oublie d'ajouter que depuis longtemps les joueurs avaient entre les mains des cartes biseautées.

Cependant Charles X et sa famille ne s'embarquèrent que le 16, et il avait formellement promis aux commissaires de ne point accepter la couronne tant que Charles X serait sur le territoire français. Mais il avait promis tant de choses alors, il en oublia tant depuis, qu'il y aurait mauvaise grâce de lui en vouloir pour si peu.

« Le tort réel de Louis-Philippe, dit Châ-
« teaubriand, n'est pas d'avoir accepté la cou-
« ronne (acte d'ambition dont il y a des mil-
« lions d'exemples et qui n'attaque qu'une ins-
« titution politique), son véritable délit est d'a-
« voir été tuteur infidèle, d'avoir dépouillé
« l'*enfant et l'orphelin*, délit contre lequel l'E-
« criture n'a pas assez de malédictions : or,
« jamais la *justice morale* (qu'on la nomme fa-

---

(1) Brochure du mois d'Octobre 1833.

« talité ou Providence, je l'appelle, moi, con-
« séquence inévitable du mal) n'a manqué de
« punir les infractions à la *loi morale*.

« Philippe, son gouvernement, tout cet or-
« dre de choses impossibles et contradictoires
« périra, dans un temps plus ou moins retardé
« par des cas fortuits, par des complications
« d'intérêts intérieurs et extérieurs, par l'apa-
« thie et la corruption des individus, par la lé-
« gèreté des esprits, l'indifférence et l'efface-
« ment des caractères; mais quelle que soit la
« durée du régime actuel, elle ne sera jamais
« assez longue pour que la branche d'Orléans
« puisse pousser de profondes racines. »

Le 24 février, la justice morale est venue punir les infractions à la loi morale, comme le prévoyait, en 1830, l'auteur *du Génie du Christianisme*.

Voici comment M. Bavoux, dans la prévision d'un 24 Février quelconque, s'exprimait en 1840, sur la monarchie de Juillet :

« Que la volonté nationale n'ait pas été suffi-

« samment et régulièrement constatée, je le « veux bien.

« Que la royauté nouvelle ait elle-même, par « des préparations antérieures, provoqué la ma- « nifestation de cette volonté ; qu'elle ait dès-lors « par cette prédisposition blâmable, en quelque « sorte participé à une occupation irrégulière du « trône de sa famille ; je le reconnais encore, et « j'avoue même qu'il y a dans tout cela, ainsi « que je l'ai déjà exprimé, place à de justes « griefs.....

« Je crois que cette action comme toute action « répréhensible demande une expiation, et c'est « pour cela que j'en parle...

« Mais si la loi du devoir ne permet pas à un « parent de chercher à s'enrichir des dépouil- « les de son parent, une nation est bien maî- « tresse de retirer le soin de ses affaires à telle « branche d'une famille, pour le confier à une « autre branche en qui elle a plus de confiance !

« Plaise à Dieu que ce raisonnement ne soit « point une illusion sous laquelle se débatte

« mon esprit en présence d'un danger de l'ave-
« nir ! Puissé-je ne pas me tromper en espérant
« encore ! Car je n'ignore pas que le ciel ren-
« ferme ses décrets éternels, et qu'il fait bon
« marché de toutes les petites capitulations de
« la conscience humaine. *Je n'ignore pas que*
« *la morale a des règles inviolables ; que la né-*
« *cessité, argument si puissant et si banal*
« *chez les hommes, n'absout pas toujours, et*
« *que celui qui veille à l'ordre du monde sait*
« *bien trouver quand il le faut et le coupable et*
« *le vengeur* (1). »

---

(1) Évariste Bavoux, *Philosophie politique*, ou *l'Ordre moral dans les sociétés humaines.* — 1840, t. I, p. 129.

CHAPITRE III.

DONATION DU 7 AOUT.

DONATION DU 7 AOUT.

Les biens particuliers du prince qui parvient au trône, sont de plein droit et à l'instant même unis au domaine de la nation, et l'effet de cette union est perpétuel et irrévocable.

(Lois de 1790 et de 1814).

La Charte et la Couronne ont été acceptées le 7 août 1830 de 4 à 5 heures du soir.

CHATEAUBRIAND (octobre 1831).

Louis-Philippe était roi le 7 août 1830; et M. Odilon Barrot, qui s'évertue à prouver aujourd'hui qu'il ne le fut que le 9, en adressant une lettre à ce prince, écrivait, selon M. Mazas, *votre fidèle sujet*, le 6 août (1).

---

(1) *Mémoires pour servir à l'Histoire de la Révolution de* 1830, page 141.

Dès qu'il fut bien certain qu'il était roi, Louis-Philippe se ressouvint de l'article 20 de la loi du 8 novembre 1814, qui contient textuellement ces mots :

« Les biens particuliers du prince qui par-« vient au trône, sont de plein droit et à l'ins-« tant même unis au domaine de la nation, et « l'effet de cette union est perpétuel et irrévo-« cable. »

Pour éviter cette réunion, ou plutôt pour soustraire ses biens au domaine de l'État, il fallait s'en dépouiller, et se hâter : car le lendemain était un dimanche, jour férié.

Aussi, le 7 août 1830, pardevant Me Philippe Dentend et Me Victor-François-Casimir Noël, notaires à Paris, mandés au Palais-Royal, fut présent Louis-Philippe d'Orléans, lequel fit donation de ses biens personnels entrevifs irrévocable, *et en la meilleure forme que donation puisse être faite, à ses sept enfants mineurs.*

Tous les princes et princesses au profit desquels la donation était faite étant mineurs, il fallait nommer un tuteur spécial qui l'acceptât pour eux.

Cette acceptation fut faite par M. Nicolas-Thomas-François Manche de Broval, secrétaire des commandements de S. A. R. le prince Louis-Philippe d'Orléans, directeur-général de ses affaires, chevalier des ordres de Saint Georges et des deux-Siciles et de la Légion-d'Honneur, demeurant à Paris au Palais-Royal.

Il agissait au nom et comme tuteur spécial des princes et princesses d'Orléans, nommé à l'effet de faire la présente acceptation par délibération de leur conseil de famille, tenu et présidé par M. Lerat de Magnitot, juge-de-paix du deuxième arrondissement de Paris, le 7 août, enregistré également ce jour.

Une expédition de cette délibération du conseil de famille, délivrée par M. Boucher, greffier de ladite justice de paix, fut représentée par M. de Broval, et demeura annexée à l'acte de donation, après avoir été par lui certifiée véritable, signée et paraphée en présence des notaires.

Cette donation comprend, sous vingt-un articles différents, l'énonciation détaillée de tous les immeubles composant la fortune de Louis-Philippe, avec une indication de revenus pour les objets qui en étaient susceptibles.

Les revenus des immeubles qui font l'objet de la disposition s'y trouvent indiqués pour la fixation du droit d'enregistrement à une somme de 1,365,525 francs.

Elle comprend de plus, en créances actives et actions sur les canaux une somme de 6 à 7 millions, sans parler d'une répétition éventuelle et indéterminée, quant à son chiffre, pour augmentations et améliorations faites à l'apanage.

Une commission fut nommée en 1838, à l'effet de reconnaître et d'estimer les dépenses faites depuis la restitution de l'apanage en 1814, et ces dépenses ont été estimées par elle à la somme de 8,217,602 francs 41 centimes, suivant procès-verbal du 11 décembre 1838.

Cependant les princes et princesses donataires ne pouvaient, aux termes de la donation, entrer en possession et jouissance réelle et effective des biens qui leur furent donnés qu'à compter du jour du décès du prince donateur, lequel, à cet effet, se réservait expressément, pendant sa vie, l'usufruit et jouissance desdits biens.

La rédaction d'un acte aussi important aurait exigé plusieurs jours, dans des circonstances ordinaires; mais il y avait urgence : aussi la donation est-elle immédiatement consentie et acceptée.

Un délai de dix jours est accordé pour l'enregistrement des actes notariés; mais celui-ci devait avoir nécessairement une date certaine au moment de sa confection : aussi, quoique la formalité de l'enregistrement exigeât plusieurs heures (trois folios du registre y sont consacrés), elle fut remplie le même jour, 7 août, *en débet conformément à la décision de M. le*

Commissaire au département des finances (1), *énoncée dans une lettre de M. le directeur-général de l'enregistrement en date du même jour*, transmise aussitôt au préposé chargé d'enregistrer la donation.

On voit que les formalités ne manquaient pas, et, malgré l'extrême précipitation, rien ne fut oublié. Nous soupçonnons fort M. Dupin d'en avoir dirigé l'exécution. Cependant, ne lui en déplaise, on nous assure que Louis-Philippe s'y entendait aussi bien que lui.

Les revenus des biens qui composent la donation ne sont estimés par le donataire qu'à 1,365,525 francs, ce qui supposerait une valeur de plus de soixante millions.

Cette estimation est-elle exacte ?

Nous avons d'autant plus raisons d'en douter, qu'outre la précipitation avec laquelle on l'a faite, la famille d'Orléans a toujours eu soin de

---

(1) L'abbé Louis.

déguiser le chiffre de ses revenus dans les rares occasions où elle a été obligée d'en produire des états.

Est-ce dans un intérêt politique, ou seulement de fiscalité? Nous ne savons. — C'est peut-être l'un et l'autre.

En voici des exemples :

M. de la Touche, chancelier de la maison d'Orléans, fut obligé de remettre en 1790, au comité des domaines de l'assemblée constituante un état des revenus de l'apanage de cette maison.

Les biens qui le composaient étaient principalement en bois, tant de haute futaie de l'âge de 150 ans divisés en coupes réglées de 150 arpens chacune, qu'en taillis également aménagés.

Le tout comprenait une étendue de 167,723 arpents : l'administration des finances du prince en portait le revenu à 1,655,400 fr.

Les renseignements particuliers que le comité des domaines s'était procurés, tant des grands maîtres, des officiers des maîtrises dans le ressort desquelles ces bois étaient situés, que de l'administration et du relevé des procès-verbaux de ventes, lui permirent d'en porter le revenu exact à 2,113, 949 francs, ce qui établissait une différence de revenus de 458,549 francs entre le chiffre de l'administration des finances du prince et celui du comité des domaines.

N'ayant pu se procurer d'états et renseignements sur le produit des fermes et autres biens fonds dépendant de l'apanage, ni sur les rentes, redevances et autres droits de ce même apanage, le comité des domaines fut obligé de s'en rapporter à l'état qui lui avait été remis par l'administration des finances du prince.

Enfin, l'ensemble des différentes branches des revenus annuels des biens et droits, qui composaient l'apanage de M. le duc d'Orléans, que son administration ne portait qu'à 4 millions 965,901 francs, fut rectifié par le comité des domaines et porté au chiffre de 5,755,561 fr.

Différence, 788,660 francs, sur les revenus annuels.

Et le chancelier de la maison d'Orléans ne contredit pas ces rectifications, et *l'Assemblée Nationale ordonna l'impression des Observations du comité des domaines* sur lesquelles nous avons rédigé les nôtres.

En 1837, le 26 janvier, Louis-Philippe demandait la constitution d'un apanage foncier pour le duc de Nemours. Le ministère en désignant *le Château de Rambouillet*, les forêts de *Sénonches, de Châteauneuf et de Montécaut*, n'estimait leurs revenus qu'à la somme de 809,905 francs. M. de Cormenin, qu'il faut toujours consulter en pareille matière, lui refit son compte, et trouva un revenu net de 1,320,000 francs; excédant par conséquent de 520,000 francs le chiffre fourni par le ministère. (1).

---

(1) Lettre sur l'apanage du duc de Nemours.

L'étude de cette question avait été renvoyée à une Commission. Comme vers la même époque il fallait doter aussi le duc d'Orléans, le président du conseil, pour masquer sa défaite, vint communiquer à la Chambre des Députés, dans la séance du 18 avril, une ordonnance du roi qui retirait le projet de loi présenté le 26 janvier relatif à l'apanage du duc de Nemours. *Le roi,* disait-on, *n'avait pas voulu que les Chambres eussent à pourvoir en même temps à la dotation de ses deux fils.*

Mais la demande n'était qu'ajournée. En effet, dans la séance du 25 janvier 1840, Louis-Philippe demandait pour le duc de Nemours non pas un apanage, mais une dotation annuelle de 500,000 francs et 500,000 francs pour dépenses de mariage et frais d'établissement.

On arguait comme d'habitude de *l'insuffisance du domaine privé*, mais sans la démontrer.

Le domaine privé était-il insuffisant?

—Oui, disait le ministère.

— Non, disaient les Députés.

Une Commission fut nommée. M. Amilhau qui en était le rapporteur, n'évaluait qu'à 1,013,918 francs les revenus du domaine privé. M. de Cormenin avait dit : le domaine privé jouit de 2 millions de revenus et de 100 millions de capitaux placés à beaux deniers.

Le ministère refusait l'impression des documents sur lesquels la Commission avait fait son travail.

Interroger la couronne sur ses dispositions personnelles, disait M. Amilhau, *serait livrer à la discussion des actes que de hautes convenances nous commandent de respecter.*

Et M. Lherbette, membre de la Commission répondait : *on nous a donnné des documents, oui ; mais des preuves, non. Nous demandions des preuves, nous ne les avons pas eues. Je n'ai vu que des chiffres et non des pièces à l'appui* (1).

---

(1) *Moniteur* du 16 février 1840, page 311.

La Chambre ne passa pas même à la discussion des articles. — La loi de dotation fut repoussée. — *La demande royale*, dit M. Élias Régnault, *fut traitée comme une question de haute mendicité qui ne méritait pas l'examen du législateur* (1).

Sans doute ces discussions ébranlaient le trône et détruisaient le prestige et la dignité que doivent conserver les dépositaires du pouvoir; mais le seul coupable n'était-ce pas le prince qui les avait provoquées en séparant, contrairement à la loi, ses intérêts particuliers des intérêts de la nation, en créant dans son palais deux administrations rivales ?

Les débats de cette séance révélèrent cependant un fait assez curieux, qui vient encore à l'appui de ce que nous disions en commençant, à savoir que la famille d'Orléans a toujours eu soin de déguiser le chiffre de ses revenus.

---

(1) Histoire de Huit ans. T. 1. p. 10. 1851.

Le 17 octobre 1830, Louis-Philippe avait acquis de M. Lafitte la forêt de Breteuil (7,286 hectares), au prix de 10 millions.

Dès ce moment, elle fit partie du domaine privé. Le rapporteur, sur les documents fournis par le ministère, n'accusait qu'un revenu de 188,870 francs.

M. Lafitte monte à la tribune et déclare que la forêt de Breteuil rapporte en moyenne 362,000 francs, et que depuis 1840 elle vaut plus de 14 millions par l'extinction des servitudes (1).

Le ministère répondit aux rectifications de M. Lafitte en déposant, le jour même, sa démission entre les mains du roi.

La loi de famille fut ainsi doublement repoussée et M. Thiers, toujours à l'affût du ministère, se glissa au pouvoir entre ces deux scrutins.

Ainsi, ni les revenus, ni le capital du domaine

(1) *Moniteur* du 16 février 1840.

privé n'ont jamais été connus, et trop souvent les chiffres donnés n'ont pas été d'une rigoureuse exactitude. Nous croyons donc, malgré les dénégations des exécuteurs testamentaires, que les biens qui composent la donation du 7 août sont d'une valeur de 200 millions, comme le dit le décret du 22 janvier.

L'enregistrement de l'acte du 7 août donna lieu à des difficultés dont voici la nature :

La donation faite par Louis-Philippe à ses enfants était une donation pure et simple. Le paiement des droits d'enregistrement s'effectua donc comme pour une donation ordinaire, par application de l'article 69 de la loi du 22 frimaire an VII.

Le 2 juillet 1831 on paya	603,981 fr.	96 c.
Le 17 décembre 1831. .	256,920	44
Le 16 avril 1832	438,367	»
Total. . .	1,299,269 fr.	40 c.

Longtemps après, c'est-à-dire le 10 décembre

1835, les conseils de la famille d'Orléans prétendirent que la donation du 7 août devait être considérée comme une *donation contenant partage* et non pas comme une *donation pure et simple*. La distinction avait son importance : car les droits d'enregistrement d'une donation pure et simple sont presque doubles de ceux d'une donation contenant partage. Louis-Philippe comprit tout l'intérêt qu'il en pouvait retirer et se hâta, comme on le pense bien, d'en profiter. Quoiqu'il eut acquitté déjà, depuis près de deux ans, les droits d'une donation pure et simple, il n'hésita pas à réclamer la restitution d'une somme de 539,888 fr. 40 c., en se fondant sur ce que le droit avait été liquidé comme pour donation ordinaire et par application de l'article 69 de la loi du 22 frimaire an VII, au lieu de l'être conformément à l'article 3 de la loi du 16 juin 1824, concernant les donations d'ascendant portant partage.

Un arrêt de la Cour de cassation du 26 avril 1836, légitima cette restitution.

L'article 1075 du Code civil déclare que :

« Les père et mère et autres ascendants peu-
« vent faire par donation entre vifs, entre leurs
« enfants et descendants, la distribution et le
« partage de leurs biens.

La loi en donnant à l'ascendant la faculté de faire un partage dans une donation entre vifs, n'a pas voulu évidemment qu'il se bornât à faire une donation pure et simple à ses enfants, en laissant à ceux-ci le soin de faire, hors sa présence, le partage des biens donnés. Pour être dans le cas prévu ou permis par la loi, il faut que l'ascendant leur distribue et partage lui-même les biens ; en un mot, il faut qu'il y ait dans la donation *partage réel*, *distribution effective*, autrement il n'y a pas partage d'ascendant, mais seulement donation. Or, dans la donation du 7 août il n'y a rien qui indique la pensée d'un partage, d'une distribution, d'une assignation de part; donc, l'article 1075 ne lui était pas applicable; donc, on n'aurait pas dû rendre à Louis-Philippe les 539,888 fr. 40 c.

qu'il réclamait au fisc comme trop perçu.

Allons plus loin : y aurait-il eu partage réel, distribution effective, l'acte eût été nul aux termes de l'article 1078, puisque par l'exclusion du duc de Chartres, le partage n'avait pas été fait entre tous les enfants.

Cette répétition envers l'Etat se comprenait d'autant moins de la part de Louis-Philippe, que les Chambres venaient de lui abandonner les neuf millions qu'il avait perçus de trop sur la liste civile de 1830 à 1832.

— -

CHAPITRE IV.

RÉPONSE

A LA CONSULTATION

DE MM.

VATIMESNIL, BERRYER, DUFAURE, PAILLIET, ODILON BARROT.

RÉPONSE A LA CONSULTATION

DE

MM. VATIMESNIL, BERRYER, DUFAURE, PAILLIET, ODILON BARROT.

Nous venons de lire une *Consultation* signée de MM. de Vatimesnil, Berryer, Odilon Barrot, Dufaure et Pailliet *sur le Mémoire à consulter*, présenté au nom de la famille d'Orléans, par M. Bocher, son mandataire.

Quel que soit le respect que nous inspire l'autorité de jurisconsultes aussi profonds, qu'il nous soit permis cependant de présenter quelques observations sur les doctrines qu'ils ont cru devoir émettre en cette circonstance.

« Les biens qui composent la donation du « 7 août, quand même cette donation n'eût pas « existé ne se seraient pas trouvés réunis au « domaine de l'État par l'avènement de Louis-« Philippe au trône (1). »

Qu'est-ce à dire? L'article 59 de la charte réformée porte que, *les lois actuellement existantes qui ne sont pas contraires à la présente charte restent en vigueur jusqu'à ce qu'il y soit légalement dérogé.*

Or, les lois de 1790 et de 1814 n'avaient en cela rien de contraire à la charte de 1830, qui n'était, à très peu de chose près, que la reproduction de celle de 1814; donc, elles exis-

(1) Consultation, page 131.

taient : par conséquent, il fallait les exécuter.

Louis-Philippe connaissait les conditions de son avénement ; il savait que ses biens personnels allaient se réunir à ceux de l'État ; aussi, pour éluder les lois de 1790 et de 1814, le 7 août 1830, dès qu'il sait, à n'en plus douter, qu'il a été nommé roi, il fait secrètement la donation de tous ses biens personnels à ses enfants, *en ayant soin d'exclure son fils aîné* qu'il regardait déjà comme *son héritier présomptif : il agissait donc comme roi*, puisque l'exhérédation est prohibée par notre Code civil. Il *consacrait* et *dédiait* son fils aîné au pays, comme le dit Henri IV dans l'édit de 1607.

« Mais les lois qui ordonnaient cette réunion « et notamment l'édit de 1607 étaient fondées sur « l'essence même de la Monarchie traditionnelle « qui qualifiait de *mariage saint et politique* l'u- « nion du royaume et de la race royale (1).

---

(1) Consultation, page 119.

Ce mariage saint et politique n'était autre chose que l'hérédité : or les chambres appelèrent au trône *S. A. R. Louis-Philippe d'Orléans, duc d'Orléans, lieutenant-général du royaume et ses descendans à perpétuité de mâle en mâle, par ordre de primogéniture, à l'exclusion perpétuelle des femmes et de leur descendance.*

On respectait même la loi salique !

Nous avions cru que cette clause était d'une clarté qui ne laissait place à aucune chicane.

Par cette déclaration, on assurait au pouvoir de Louis-Philippe et de ses descendants, la même étendue, la même durée qu'on avait assuré autrefois à celui de la monarchie traditionnelle.

Pourquoi aurait-il pu se soustraire aux mêmes charges?

« L'intérêt momentané de la nation constitua « une royauté nouvelle. »

Aucun des 219 ne pensait donner à Louis-Philippe un pouvoir *momentané :* tous voulaient bien fonder un gouvernement héréditaire en lui assurant le trône *à perpétuité.* D'ailleurs, Louis-Philippe en conservant, après sa chute, le titre Roi des Français; les princes de la famille d'Orléans, en se déclarant encore aujourd'hui, par leur attitude, prétendants à la couronne de France, ont détruit ce qu'il pouvait y avoir de spécieux et de politique dans cet argument de quelques avocats fusionistes.

Dira-t-on que *cette réunion ne devait se faire qu'à la condition qu'il conserverait la couronne?*

Nous l'accordons, quoique cette clause ne soit inscrite nulle part; mais convenez aussi que Louis-Philippe a encore violé cette loi, puisque le jour où la couronne fut assurée *à perpétuité* dans sa famille, il s'est hâté de soustraire ses biens personnels au domaine de l'État, de telle sorte qu'il acceptait le bénéfice sans les charges.

Lorsque Charles X perdit la sienne, songea-t-on à lui rendre ce que lui ou ses prédécesseurs, tous membres de sa famille, lui avaient réuni?

Loin de là, quatre ans après sa chute, par la

loi du 8 avril 1834, on déclara, que tous les objets personnels qui appartenaient au Roi Charles X et qui se trouvaient en France, étaient devenus la propriété de l'État.

Et la duchesse de Berry n'avait pas un douaire de 300,000 fr. comme la duchesse d'Orléans !

La cause de réunion fut bien détruite et cependant la France en conserva le bénéfice. Qu'en pensent les honorables jurisconsultes que nous avons cités en commençant ?

Le droit à l'*inamissibilité* de la couronne n'était pas moins écrit dans la Charte de 1830 que dans celle de 1814.

« Sous la monarchie traditionnelle, le roi ne « devait rien avoir en propre. A quoi lui au- « raient servi des biens propres ? Est-ce que la « fortune publique n'était pas là pour pourvoir « à ses dépenses privées aussi bien qu'à l'éclat « de sa haute situation (1). »

---

(1) Consultation, page 120.

En demandant dix-huit millions de liste civile, douze châteaux royaux, des parcs, des forêts, des champs dont le produit était évalué à quatre millions ; des apanages, des dotations, des frais d'établissement pour ses enfants; indépendamment de ses revenus personnels, des revenus de l'apanage d'Orléans et de la succession des Condés, Louis-Philippe entendait bien que *la fortune publique pourvût à ses dépenses privées aussi bien qu'à l'éclat de sa haute situation,* comme sous la monarchie traditionnelle.

Il est vrai qu'on s'armait de sa simplicité et de son économie proverbiales pour justifier l'énormité de ses exigences. Lui-même n'avait-il pas dit le 7 août aux députés qui le firent roi : *Je suis exempt d'ambition et habitué à la vie paisible que je mène dans ma famille.*

Et à M. Bavoux : *Une liste civile de 6 millions n'est-ce par trop pour un roi constitutionnel?*

Et les héros de juillet se frottaient les mains

en disant : *Nous allons donc posséder un gouvernement à bon marché!*

Il s'est trouvé qu'à la fin, le budget du gouvernement à bon marché était de *seize cents millions*, tandis que celui de Charles X ne dépassait pas, en 1830, *neuf cents millions*. Qu'importe, on croyait avoir un gouvernement à bon marché!

Dans tout ce qu'ont écrit les exécuteurs testamentaires, les mandataires et les conseils de la famille d'Orléans, on a fait grand bruit de ces mots : *constitution nouvelle*, *monarchie nouvelle*, *dynastie nouvelle*, pour en conclure que les lois de l'ancienne ne lui étaient pas applicables.

En 1830, il n'y eut pas de constitution nouvelle. *La Charte*, comme disait M. Petou, *n'était pas toute en discussion*. Beaucoup d'articles ne furent ni discutés, ni votés, ni même lus; on ne vota que des amendements; de telle sorte qu'il est permis de dire qu'on fit en 1830 une loi qui contenait des amendements à la Charte de 1814.

On eut un gouvernement constitutionnel, qui ne fut que la continuation de celui de 1814, avec un roi inviolable et sacré, des ministres responsables et deux chambres.

Le nom de la Charte invoqué pendant le combat l'était encore après la victoire, dit Louis-Philippe lui-même, dans son discours d'ouverture, le 3 août. Donc il n'y eut pas de constitution nouvelle.

Il n'y eut pas plus de monarchie nouvelle : car en se reportant à la déclaration de la Chambre, on peut voir que, selon les doctrinaires, tout se réduisit à un changement de personne ; la couronne resta dans la même maison ; la branche cadette fut appelée à occuper le trône que l'abdication et le départ de la branche aînée laissait vacant. C'était bien là aussi la pensée de M. Odilon Barrot, qui répondait en 1833 à M. Berryer :

Le gouvernement du 7 août est aussi légitime que tout autre gouvernement que ce soit en Europe.

Les publicistes financiers de la monarchie de Juillet ne parlaient-ils pas de *l'éclat que le trône tenait d'un ancien ordre de choses remontant à la féodalité!*

M. Molé n'invoquait-il pas, en 1837, *les traditions de l'antique monarchie* pour constituer un apanage au duc de Nemours!

La révolution de 1830, dit M. Sauzet, *avait déplacé la couronne sans briser la constitution ni la dynastie, et créé par une Charte révisée une légitimité collatérale* (1).

Louis-Philippe lui-même l'entendait ainsi, puisqu'à son avènement au trône, il consentit à la réunion de son apanage au domaine de l'État, conformément aux lois séculaires de la monarchie.

Quant à ses biens personnels, il voulut les garder, parce que, disait-il: *les réunir au do-*

---

(1) La Chambre des Députés et la Révolution de Février.

maine de l'État c'était les lui prendre dans sa poche ! (1)

Il nous est impossible de comprendre pourquoi son avènement au trône le forçait à réunir au domaine de l'État ses biens apanagers, et lui permettait, en même temps, de conserver la propriété de ses biens personnels.

« Louis-Philippe, disent ses exécuteurs tes-
« tamentaires, a occupé le trône après Char-
« les X, il n'a pas été son successeur et son
« héritier. »

Peu importe que le nouveau roi vienne à titre héréditaire ou à tout autre titre : ce n'est pas en qualité d'héritier, c'est en qualité de roi qu'il est tenu. Les lois de 1790 et 1814 disent: *les biens particuliers du prince qui parvient au trône...*

« Louis-Philippe avait la pleine liberté de ne
« formuler son acceptation qu'après avoir dis-

---

(1) Historique.

« posé en faveur de ses enfants des biens qu'il « possédait à titre particulier. »

Peut-être. — Mais au moins aurait-il fallu le dire pour savoir si les députés lui donnaient la couronne à ces conditions. — Au lieu de cela, on a tenu la donation secrète aussi longtemps qu'on l'a pu ; pas un des 219 ne la connaissait.

« Dans l'hypothèse de la non-existence de la « donation du 7 août, les princes d'Orléans n'en « seraient pas moins propriétaires ; seulement, « au lieu de l'être devenus en 1830 comme do- « nataires, ils le seraient devenus au moment du « décès de leur père comme légataires ou héri- « tiers (1). »

Mais alors pourquoi Louis-Philippe s'est-il empressé de se dépouiller si vite en leur faveur, et sans profit pour eux, puisqu'il se réservait expressément l'usufruit pendant sa vie ? Est-ce pour payer au fisc 1,299,269 francs 40 centimes d'enregistrement ?

---

(1) Consultation, page 131.

Pourquoi, deux ans après, la loi de 1832 est-elle venue déclarer, rétroactivement, que le roi conserverait la propriété des biens qui lui appartenaient avant son avénement au trône?

Louis-Philippe avait le droit, le 7 août, de faire cette donation, ou il ne l'avait pas: s'il l'avait, pourquoi votre loi de 1832? S'il ne l'avait pas, cette loi est impuissante.

Et par le même principe, *c'est parceque nous ne voulons pas attribuer un effet rétroactif aux décisions législatives de tout pouvoir nouveau*, que nous maintenons que la loi de 1832 n'a pas pu légitimer un acte nul fait en 1830.

L'évènement qui a fait descendre Louis-Philippe du trône, et qui en a éloigné sa famille en fondant la République, justifie toutes les prévisions de la donation du 7 août (1).

---

(1) Rapport de M. Berryer, à l'Assemblée constituante, le 10 octobre 1848, sur la proposition de l'honorable M. Jules Favre.

Singulière doctrine! qui refuse aux rois légitimes les précautions qu'elle laisse prendre aux usurpateurs. Ceux-ci auront de la sorte deux avantages : celui de posséder la couronne comme s'ils étaient légitimes, et de ne pas confondre leurs biens avec ceux de l'État. Quelle prime pour l'usurpation ! Nous regrettons seulement pour le passé et l'avenir politique de M. Berryer, que ce soit lui qui la donne.

Enfin voici les arguments les plus sérieux que les conseils de la maison d'Orléans font valoir à l'appui de ses prétentions :

« Est-il possible de prétendre que la loi de « l'ancienne monarchie fut applicable le 7 août « 1830 à un prince à qui la couronne ne reve- « nait pas *conformément*, mais qui allait l'ac- « cepter *contrairement* à cette loi monarchi- « que (1)?

« L'ancien droit monarchique ne saurait être

---

(1) Bocher, *Mémoire à consulter*, p. 9.

« sérieusement invoqué contre le prince qui re-« cevait la couronne, non pas *conformément*, « mais *contrairement* à cet ancien droit (1).

« Lorsqu'une dynastie nouvelle vient occuper « le trône, ce ne sont pas les principes anté-« rieurs sur l'hérédité qui sont la source de son « pouvoir; loin de là, le sceptre n'est remis en-« tre ses mains que contrairement à ces princi-« pes. Comment donc serait-elle soumise à une « obligation qui n'est que la conséquence de ces « mêmes principes? Au lieu d'invoquer le droit « traditionnel, elle le répudie ; on ne saurait « donc plus l'invoquer contre elle; et comme « l'ancienne règle qui consacrait la réunion des « biens du monarque au domaine de l'Etat déri-« vait de ce droit traditionnel, le chef de la « nouvelle dynastie échappe nécessairement à « l'empire de cette règle (2). »

---

(1) Les Exécuteurs testamentaires, p. 107.

(2) Consultation, p. 122.

C'est une grande erreur de croire que la règle de la dévolution dérive de l'*ancien droit monarchique*, ou *du droit monarchique traditionnel,* ou en d'autres termes, de la *légitimité.*

Cette règle est de l'essence même de la monarchie, de toute institution monarchique, elle est en outre de droit public dans la monarchie française, indépendamment du principe en vertu duquel le trône est occupé et du prince qui l'occupe.

Les conseils de la maison d'Orléans déclarent que le principe de la dévolution ne saurait s'appliquer à une monarchie nouvelle qui n'empruntait rien à l'ancienne monarchie de la France. Cependant ils ont éprouvé le besoin d'abriter leur argumentation derrière des précédents.

L'Empire fut sans contredit une monarchie nouvelle qui n'empruntait rien à l'ancienne.

Ils invoquent donc le sénatus-consulte du 30 janvier 1810, qui dit dans son article 48 que :

« Les biens immeubles et droits incorporels

« du domaine privé de l'Empereur, ne seront « en aucun temps, et sous aucun prétexte, réu- « nis de plein droit au domaine de l'État : la « réunion ne peut s'opérer que par un sénatus- « consulte. (1). »

Abyssus, abyssum invocat, dit l'Écriture. Nous ne savions pas que la violation d'un droit pût autoriser ou légitimer une autre violation.

M. de Schonen, rapporteur en 1831, du projet de loi sur la liste civile (2), se garda bien d'invoquer de tels précédents : il ne craignit pas de dire que le principe de la dévolution aurait dû recevoir son application sous le régime impérial comme il l'avait reçue sous les gouvernements monarchiques qui l'avaient précédé ou suivi ; il avoua même que *le sénatus-consulte du* 30 *janvier* 1810 *avait scandaleusement violé la règle de dévolution* (3).

---

(1) Consultation, 126.

(2) Il était procureur-général à la cour des comptes.

(3) *Moniteur* du 30 décembre 1831, page 2544.

Napoléon lui-même, reconnut plus tard en souscrivant au traité de Paris du 11 avril 1814, que le sénatus-consulte de 1810 était une violation du droit monarchique.

« Article 9. — Les propriétés que S. M. l'Em-
« pereur Napoléon possède en France, soit
« comme domaine extraordinaire, soit comme
« domaine privé, resteront à la couronne. Sur
« les fonds placés par l'Empereur Napoléon, soit
« sur le grand-livre, soit sur la Banque de
« France, soit sur les actions des forêts, soit de
« toute autre manière et dont S. M. fait l'aban-
« don à la couronne, il sera réservé un capital
« qui n'excédera pas deux millions, pour être
« employé en gratifications en faveur des per-
« sonnes qui seront portées sur l'état que si-
« gnera l'Empereur Napoléon, et qui sera remis
« au gouvernement français.

« Article 10. — Tous les diamants de la cou-
« ronne resteront à la France (1).

---

(1) Ils appartenaient en partie à Napoléon.

« Article 11. — L'Empereur Napoléon fera « versement au Trésor et aux caisses publiques « de toutes les sommes et effets qui auraient été « déplacés par ses ordres, à l'exception de la « liste civile. (1) »

Les puissances alliées, en déclarant réunis à la couronne de France le domaine privé et le domaine extraordinaire, Napoléon lui-même en souscrivant au traité qui prononçait cette réunion, reconnaissaient que la dévolution des biens personnels du prince qui parvient au trône est de l'essence de *l'institution monarchique* et non pas seulement de la *légitimité*, qui n'est qu'un mode de transmission de l'institution monarchique, et le meilleur selon nous.

En 1831, M. de Schonen, qu'on n'accusera

---

(1) *Histoire de la guerre de* 1813 *et* 1814 *en Allemagne et en France*, par le marquis de Londonderry, lieutenant-général au service d'Angleterre et commissaire de S. M. Britannique près les armées confédérées, tom. II, pag. 221-222. 1833.

pas d'avoir eu des préventions hostiles à la maison d'Orléans, puisqu'il était l'un des trois commissaires chargés par Louis-Philippe de contraindre Charles X et la famille Royale à quitter le territoire français, M. de Schonen disait dans son rapport sur le projet de loi de la liste civile que *la dévolution à l'État des biens personnels du prince qui advient à la couronne était hors de doute* (1).

C'est uniquement en vertu de cette règle que l'apanage de la maison d'Orléans fut réuni au domaine de l'Etat par l'avénement de Louis-Philippe.

« Aussi en principe, ajoutait M. de Schonen,
« et selon toute la rigueur du droit, la dévolu-
« tion des biens que le roi possédait à quelque
« titre que ce soit, aurait eu lieu au profit de
« l'État dès le moment même de son avénement
« au trône.

« Et les conseillers de la couronne l'ont bien

(1) *Moniteur* du 30 décembre 1833, page 2544.

« senti en faisant faire au roi le matin du même « jour, une donation générale de ses biens per- « sonnels aux princes ses fils puinés et aux prin- « cesses ses filles, l'usufruit seulement ré- « servé. »

Savez-vous maintenant pourquoi la validité de cette donation ne fut pas contestée ?

« Ce fut, dit toujours l'honorable rapporteur, « pour laisser Louis-Philippe à ses douces et « anciennes habitudes et ne lui pas ravir ce qu'il « s'était plu à créer et à embellir, afin qu'il pût « rêver quelquefois qu'il était encore duc d'Or- « léans et libre des soucis du diadème. »

N'était-ce pas là une raison dictée dans un intérêt privé, par les entraînements d'une politique de circonstance qui ne saurait prévaloir contre les droits permanents de l'Etat et les règles immuables du droit public ?

M. de Schonen reconnaissait très bien, comme le dit avec beaucoup de raison le décret du 22 janvier, « que la donation avait eu unique- « ment pour but d'empêcher la réunion au do-

« maine de l'Etat des biens considérables pos- « sédés par le prince appelé au trône, et que la « fraude à une loi d'ordre public n'existe pas « moins lorsqu'elle est concertée en vue d'un « fait certain qui doit immédiatement se réali- « ser. »

Aussi la pensée ne lui vint jamais d'invoquer ce déplorable argument « que Louis-Philippe « n'était plus propriétaire, lorsque le 9 du « même mois il est devenu roi par l'effet de son « acceptation, et que ces biens avaient cessé de « lui appartenir deux jours avant son avéne- « ment au trône (1). »

La donation du 7 août 1830 a donc été une violation du droit monarchique en général, et de notre droit public en particulier ;

La loi de 1832, une loi de complaisance, qui devait rester impuissante ;

Et le décret du 22 janvier un acte de justice

---

(1) Consultation, page 141.

et de réparation nationale, attendu depuis vingt ans par la conscience publique.

Eh quoi! dirons-nous à la maison d'Orléans, Louis XVI, Marie-Antoinette, Madame Élisabeth auront versé leur sang sur la place de la Révolution!

Louis XVII sera mort au Temple!

Le duc de Berry sous le poignard de Louvel!

Le Dauphin et la Dauphine en exil!

Charles X aura perdu son trône!

Henri V sa patrie!

Le prince de Condé aura été frappé par la convoitise d'une femme dont tout le monde honnit la mémoire!

La grande, noble, antique et vraiment auguste famille des Bourbons aura épuisé la coupe des douleurs, étonné le monde de ses infortunes, et tout cela, vous ne l'effacerez pas de notre histoire, par vous, pour vous, à cause de vous, toujours vous!

Et lorsqu'à votre tour vous perdez la partie

que vous avez engagée, il vous sera permis de retirer votre enjeu et de dire :

Mettons que nous n'ayons rien fait !

Non ! la justice morale ne vous permet pas de conserver à la fois les grands avantages de la royauté qui vous a nourris, réchauffés dans son sein pendant deux siècles et les bénéfices des révolutions que vous avez faites et qui vous ont vaincus.

Vous ne pouvez pas vous servir à la fois de la royauté contre la révolution, et de la révolution contre la royauté.

On n'ignore plus ici que c'est le rôle que vous avez joué, que vous affectionnez, que vous voulez jouer encore : mais renoncez-y, la France voit dans vos âmes, et ceux qui vous conseillent sont connus comme vous.

CHAPITRE V.

MISSION

DE M. DE MORTEMART EN RUSSIE.

1831.

MISSION DE M. DE MORTEMART
EN RUSSIE.

> Votre monarchie de juillet, fondée sur le sable, sera emportée par la première tempête.
>
> (L'Empereur de Russie, 1830.)

La première pensée de Louis-Philippe avait été de se faire reconnaître par les cabinets de l'Europe.

Par les traités de 1815, les puissances alliées avaient concerté les mesures qu'elles croyaient les plus propres à éloigner tout ce qui pourrait compromettre à l'avenir le repos intérieur de la France, et préparé des remèdes contre les dangers dont l'autorité royale, fondement de l'ordre public, pourrait encore être menacée. Elles s'étaient engagées à combattre les principes révolutionnaires, sous quelque forme qu'ils essayassent de se reproduire, s'ils venaient à déchirer la France et menacer le repos des autres Etats.

Louis-Philippe savait que le seul fait de son usurpation pouvait être considéré comme une infraction à ces traités dont le principe de la légitimité était la base.

Pour fonder sa politique sur leur maintien, il fallait persuader aux cabinets de l'Europe que la révolution de 1830 n'avait eu d'autre résultat que la substitution devenue indispensable d'un prince à un autre prince du sang royal.

La Russie était de toutes les puissances de l'Europe celle dont Louis-Philippe redoutait le plus l'influence.

Le 19 août, il chargea le général Athalin, son aide-de-camp, de notifier son avènement à l'Empereur Nicolas.

Sa lettre était obséquieuse, mais pleine d'astuce et d'hypocrisie; toutes les expressions paraissent avoir été pesées avec soin.

« La révolution de 1830 n'est, aux yeux de Louis-Philippe, qu'une *catastrophe* qu'il aurait tant voulu prévenir! Le roi Charles X n'a pas suivi une marche assez *calculée;* avec un peu plus de *prudence* son gouvernement pouvait aller longtemps comme il allait. Mais le ministère du 8 août 1829 a tout perdu; la Charte a été audacieusement violée; et lui, Philippe, ne s'est dévoué que pour sauver cette Charte, si essentielle à conserver, dont feu l'Empereur Alexandre, l'auguste frère de Nicolas, connaissait si bien l'importance. Il ne doute pas que l'Europe rendant justice aux motifs qui l'ont dirigé, n'entoure son gouvernement de la confiance qu'il doit inspirer.

« L'Empereur ne doit pas perdre de vue que tant que Charles X a régné sur la France, il a été le plus soumis et le plus fidèle de ses sujets, et qu'il n'a consenti à monter sur le trône de son parent et de son maître que lorsque l'exercice de l'autorité royale a été totalement anéanti (1). »

L'Empereur Nicolas ne crut pas à la sincérité de ces explications, il reçut fort mal l'aide-de-camp du nouveau roi. Il ne se donna pas même la peine de dissimuler ses dédains ; et l'envoyé du Palais-Royal fut accueilli par le chef d'un peuple encore à demi-barbare avec une hauteur dont le gouvernement de la Restauration n'aurait pas souffert l'injure (2). Le czar ne voulut pas reconnaître le nouvel ordre de choses : pour lui, le duc d'Orléans n'était que *Lieutenant-général du Royaume*, ce titre était à ses yeux le seul légal, parce que seul il découlait de l'autorité royale légitime. Il ne consentait à continuer ses relations avec le gouvernement français que par l'intermédiaire du duc de Mortemart, ambassa-

(1) Voir les Notes historiques.

(2) Louis Blanc ; *Histoire de Dix ans.*

deur de Charles X à Saint-Pétersbourg, quelques mois avant la révolution de juillet.

Nous allons voir que M. Pozzo di Borgo, son ambassadeur à Paris, ne reçut ses lettres de créance auprès du nouveau gouvernement que lorsque M. de Mortemart partit pour Saint-Pétersbourg.

Cependant, Louis-Philippe ne se découragea pas; le 7 décembre 1830, le maréchal Mortier, duc de Trévise, fut nommé officiellement ambassadeur du *roi des Français* près S. M. l'Empereur de toutes les Russies.

Cette seconde tentative fut encore moins heureuse que la première, car, à la nomination du duc de Trévise, Nicolas répondit par un ordre de rappel à son ambassadeur en France, M. Pozzo di Borgo. La rupture allait être complète; l'Empereur s'était mis en mesure de faire la guerre à la France. On comprend quelle dut être la consternation des partisans *de la paix à tout prix*.

M. de Nesselrode indiquait cependant la nomination de M. de Mortemart à M. Pozzo di Borgo comme seule capable de tout arranger (1).

M. de Mortemart fut mandé au château comme dans la nuit du 31 juillet. Il ne se refusa pas à rendre un service spécial à l'union entre la Russie et la France, et à donner à la royauté nouvelle un poids dont elle avait si grand besoin en cette circonstance. Mais il n'accepta cette mission que sur les promesses qui lui furent faites que les affaires de France seraient toutes dirigées de bonne foi, dans le sens du plus prochain retour à la restauration et au replacement des choses telles qu'elles devaient être faites par suite de l'abdication de Charles X (2).

Le 7 janvier 1831, on lisait dans la partie officielle du *Moniteur* :

« Le roi a nommé le duc de Mortemart son « ambassadeur extraordinaire près S. M. l'em« pereur de toutes les Russies, et l'a chargé

---

(1) Voir les Notes historiques.

(2) Voir les Notes historiques.

« d'une mission spéciale. Cette nomination « n'infirme point celle du maréchal duc de « Trévise. »

Et dans la partie non officielle, le même jour, on annonçait que M. le comte Pozzo di Borgo avait reçu ses lettres de créance en qualité d'ambassadeur de S. M. l'Empereur de toutes les Russies.

M. de Mortemart se détermina donc à porter à la cour de Russie les promesses et les assurances qu'il venait de recevoir de Louis-Philippe lui-même, et dont l'effet devait être et fut réellement d'amortir les premières conséquences de la révolution de juillet.

Quelques temps après, il fut nommé ambassadeur ordinaire et extraordinaire du roi à Saint-Pétersbourg, en remplacement du maréchal duc de Trévise, appelé aux fonctions de grand chancelier de la Légion-d'Honneur.

Le rappel du duc de Trévise pouvait être considéré comme une nouvelle consécration des promesses faites au duc de Mortemart.

Mais plus tard, le noble duc s'apercevant de la ruse qui avait été employée et ne voulant pas servir plus longtemps d'instrument à une intrigue d'une telle nature, après avoir vainement invoqué auprès de qui de droit l'accomplissement des promesses faites et des paroles données, résigna brusquement ses fonctions qu'il n'avait acceptées que dans la seule vue du bonheur de la France. Il quitta subitement Saint-Pétersbourg avec l'approbation de l'Empereur, justement surpris, pour ne pas dire davantage, d'une ruse dont il avait été lui-même la dupe, tout en laissant la responsabilité à celui ou à ceux qui en étaient les auteurs.

Revenu en France, M. de Mortemart ne reparut pas à la cour de Louis-Philippe. Retiré à la campagne, il se livra tout entier à des travaux champêtres, ne demandant à Dieu et aux hommes d'autre faveur que celle de ne pas être obligé de les quitter pour la défense de l'Etat.

Le 23 février 1832, le maréchal Mortier, duc de Trévise, fut appelé à remplacer le duc de

Mortemart à l'ambassade de Russie. Dans les réceptions de cour, l'Empereur, en lui adressant la parole, évitait systématiquement de lui demander, selon l'usage, des nouvelles du roi des Français, et se vantait de cette omission comme d'un oubli intentionnel.

« L'ambassade du maréchal Mortier à Saint-
« Pétersbourg ne fut qu'une longue suite de
« mystifications cruelles. Tout en comblant
« l'homme de guerre d'égards et de prévenan-
« ces, l'Empereur Nicolas s'était étudié à hu-
« milier le diplomate, affectant de l'entretenir
« en toute occasion de Napoléon, de ses projets,
« de ses batailles, et ne lui parlant pas plus de
« Louis-Philippe que s'il se fût agi d'un
« prince entièrement étranger à la vie politi-
« que de l'Europe et à la famille des souve-
« rains (1).

Jusqu'à la fin du règne de Louis-Philippe, rien n'a pu déterminer l'empereur Nicolas à

(1) Louis Blanc, *Histoire de Dix ans.*

sortir de la réserve qu'il s'était imposée; et sans rompre les relations de peuple à peuple, il a persisté, avec une invincible opiniâtreté, à interrompre toutes les communications gracieuses et de pure étiquette que les chefs de maisons souveraines ont coutume de s'adresser à l'occasion des événements de famille.

Les ambassadeurs de Russie à Paris, et de France à Saint-Pétersbourg, avaient été retirés, en ce sens qu'ils cessèrent, par ordre de leur cour, de résider dans les États du souverain auprès duquel ils étaient accrédités. De simples chargés d'affaires géraient les ambassades.

Voilà dans quelle situation la duplicité de Louis-Philippe nous plaça vis-à-vis de la Russie qui devait être notre allié le plus naturel. On sait par quelles humiliations et quelles génuflexions diplomatiques, comme disait M. de Châteaubriand, le cabinet des Tuileries fut obligé d'acheter la protection de l'Angleterre et la neutralité ou l'indifférence des autres puissances continentales.

CONCLUSION.

CONCLUSION.

> Vous ne me rendrez justice qu'après ma mort.
>
> (Louis-Philippe.)
>
> Ce prince n'a droit qu'à l'impartialité et je l'ai représenté tel qu'il m'a paru.
>
> (J. Janin.)

La maison d'Orléans a toujours eu deux politiques à sa disposition : une politique révolutionnaire, une politique monarchique, quoique ces deux politiques s'excluent mutuellement, elle les a fait cependant valoir avec un égal succès pendant dix-huit ans.

Le 7 août 1830, Louis-Philippe monte sur le trône de France. Son avènement l'obligeait à réunir ses biens personnels à ceux de l'Etat.

Pour échapper à cette conséquence qu'il regardait comme onéreuse, il prétendit que le principe de la dévolution dérivait du droit traditionnel. Or, comme il montait sur le trône contrairement à ce droit traditionnel, il ne devait pas réunir ses biens au domaine de l'Etat.

« — Mais alors, lui répondit-on, nous ne « comprenons pas pourquoi vous avez fait un « abandon à vos enfants de tous les biens qui « vous appartenaient au moment de votre avè« nement au trône.

« — Je n'ai fait cet abandon que par une « espèce de préoccupation du passé. Je n'ai pu « échapper à l'influence de ce principe de dévo« lutoin que je supposais toujours existant com« me principe général. Je ne réfléchissais pas « que c'était une nouvelle liste civile qu'il s'agis« sait de voter et que les lois de l'ancienne dy« nastie n'y étaient plus applicables (1).

(1) Voir le discours de M. Dupin au *Moniteur* des 8, 10, 11 et 14 janvier 1832, et dans les pièces jointes au mémoire à consulter de M. Bocher, page 48.

« — Convenez au moins que vous êtes la « branche cadette de cette ancienne dynastie.

« — Allons donc! je n'ai rien de commun « avec l'ancienne monarchie, au lieu d'invoquer « les droits qu'elle pourrait me donner, je les « répudie, vous ne pouvez donc plus les invo« quer contre moi (1). Et pour peu que vous y « teniez, Thiers va vous prouver que je ne « suis pas même Bourbon. La source de mon « pouvoir n'est pas dans le droit monarchique, « elle est au contraire dans la violation de ce « droit. Charles X et tous ses prédécesseurs « sont allés se faire sacrer à Reims; quelques « voix malveillantes ont bien prétendu que je « figurais dans cette cérémonie comme premier « prince du sang, mais c'est une infâme calom« nie que mes éternels ennemis ont inventée « pour me perdre dans l'esprit du peuple.

« Pour moi, je ne reconnais d'autre investi-

(1) Consultation, page 122.

« ture que le baiser de Lafayette sur le balcon « de l'Hôtel-de-Ville : je suis un roi-citoyen, mon « trône est un trône populaire entouré d'insti- « tutions républicaines. Je suis la meilleure des « républiques.

« Cependant, comme je n'ai pas hésité à ve- « nir partager vos dangers, comme je n'ai ac- « cepté la couronne que pour vous sauver tous, « je consens à recueillir tous les avantages de « l'ancienne monarchie, mais je ne prétends pas « en accepter les charges. »

Ce langage persuada les fortes têtes de la Chambre des députés de la monarchie de Juillet. Le principe de la dévolution fut rayé de nos lois pour les princes usurpateurs, mais il continua, comme de juste, de rester en vigueur pour les rois légitimes.

Devant les souverains de l'Europe, une pareille attitude, un pareil langage pouvaient être compromettants, surtout lorsqu'on aspirait à avoir une place dans les conseils de la Sainte Alliance.

Alors, comme dit Lafontaine : *on fit un nouveau personnage* (1).

Louis-Philippe écrit à l'Empereur de Russie, au roi de Prusse, à l'empereur d'Autriche :

« *Monsieur mon frère*, la révolution de Juil-
« let n'est qu'une *catastrophe* que j'aurais voulu
« éviter. Comme résultat, il n'y a en France
« qu'un Français de moins. Charles X et sa fa-
« mille ont quitté le territoire français ; la bran-
« che cadette a remplacé la branche aînée, le
« trône n'a pas été renversé ; la couronne n'est
« pas sortie de la maison de Bourbon, car je
« suis le petit-fils de Henri IV, et un peu même
« celui de Louis XIV, par les bâtards (2), il est
« vrai, mais lorsqu'on ne descendrait de Louis
« XIV que par les bâtards, c'est encore un assez
« grand honneur pour qu'on s'en vante.

---

(1) Fable du *Loup devenu Berger*, liv. III, fable 3.

(2) Le duc d'Orléans qui fut Régent pendant la minorité de Louis XV, avait épousé Mlle de Blois, fille de Mme de Montespan et de Louis XIV.

« Les Chambres en m'appelant au trône, ne « m'ont rien donné que je ne tinsse déjà de Dieu « et de mon droit.

« La constitution politique de la France n'a « pas été changée, *la Charte*, que les puissan- « ces alliées avaient acceptée, reste toujours en « vigueur, et *sera désormais une vérité.*

« Les traités de 1815 sont un chef-d'œuvre de « notre diplomatie : je les vénère.

« On parlait bien cependant de les modifier un « peu, mais cette prétention de quelques esprits « exaltés aurait précipité la France, et peut-être « l'Europe, dans de terribles calamités. C'est « pour les faire respecter que je me suis dé- « voué (1) ; j'ai même écarté toutes les considé- « rations personnelles qui se réunissaient pour « me faire désirer d'en être dispensé. Le titre de « lieutenant-général que m'avait conféré le roi

---

(1) Ce qui lui a probablement valu le surnom de *Napoléon de la paix.*

« Charles X, dont j'ai toujours été le plus sou-
« mis et le plus fidèle sujet, n'inspirait pas la
« confiance nécessaire, je me suis laissé mettre
« sa couronne sur la tête. Mais comme je n'ai
« jamais aspiré au titre de roi des Français
« *que ces gens-là m'ont imposé*, je prends l'en-
« gagement formel de n'exercer toute espèce de
« pouvoir que temporairement et dans le seul
« intérêt de notre maison. Ma famille partage
« mes sentiments à cet égard. »

Inutile de dire ici que cette promesse s'est accomplie comme tous les programmes de l'Hôtel-de-Ville.

On voit donc que le règne de Louis-Philippe n'a été qu'une longue séance de prestidigitation; la Révolution de Juillet une journée de dupes, à laquelle Peuples et Rois se sont laissé prendre.

Comment s'étonner que l'honnête Laffitte se soit repenti plus tard d'y avoir coopéré et qu'il ait poussé son repentir jusqu'à en demander publiquement pardon à Dieu et aux hommes!

Il n'entre pas dans le plan de cet ouvrage de faire l'histoire de ces *dix-huit années de paix, de prospérité et de dignité*. Nous allons cependant citer un fait qui perdrait beaucoup à n'être pas connu dans cette circonstance.

En 1839, le duc d'Orléans, fils aîné de Louis-Philippe, et son héritier présomptif, épousa la princesse *Hélène de Mecklembourg-Schwerin*, connue depuis sous le nom de *duchesse d'Orléans*. On a dit que le roi de Prusse, Frédéric-Guillaume III, avait été le négociateur de ce mariage. Malgré cette puissante intervention, l'affaire n'alla pas toute seule. Une opposition formidable se forma dans le cercle le plus intime et parmi les plus proches parents du roi de Prusse, dès que ses intentions furent connues.

Le duc Charles de Mecklembourg-Strelitz, son beau-frère, et le prince régnant, Georges de Mecklembourg-Strelitz, chef de la maison de Mecklembourg, étaient à la tête des opposants les plus actifs. Ils exposèrent même leurs justes griefs dans un écrit qu'ils firent répandre en Allemagne (1).

Ils se refusaient à reconnaître, et surtout à introduire dans leur famille des princes qui avaient répudié le droit monarchique, qui n'étaient montés sur le trône qu'ils occupaient que contrairement aux principes monarchiques, et qui avaient gratté l'écusson national pour caresser de viles fureurs et complaire à de basses haines.

Ils reprochaient à Louis-Philippe et à sa famille d'avoir inauguré en France cette politique révolutionnaire dont nous avons donné un échantillon, et que les conseils de la maison d'Orléans, *utilitatis causâ*, n'hésitent pas à reprendre aujourd'hui.

En un mot, les princes de Mecklembourg répudiaient toute espèce de solidarité avec le roi-citoyen, le *meilleur des républicains, qui avait*

(1) Bemerkungen (*Observations*).

reçu son investiture royale des mains de Lafayette sur le balcon de l'Hôtel-de-Ville.

Cependant le mariage eut lieu; mais pour donner satisfaction aux légitimes susceptibilités des princes de sa famille, le Roi de Prusse ordonna à son ministre de la justice, M. de Kamptz, de rédiger un mémoire explicatif sur la révolution de 1830 et sur la position que cette révolution avait donnée à Louis-Philippe vis-à-vis des souverains de l'Europe. Ce mémoire, écrit sous les yeux, nous pouvons même dire sous la dictée de M. Bresson, ambassadeur de Louis-Philippe à Berlin, fut adressé à tous les gouvernements de l'Europe et à tous les princes de la Confédération Germanique.

Nous donnons ici cet important document dont l'authenticité ne peut pas être contestée. Nous l'avons trouvé à la page 258 de l'*Histoire de la Politique extérieure du Gouvernement français* 1830-1848, par M. D'Haussonville, gendre de M. de Broglie.

« .... Rien de plus simple que ce qui s'est

« passé. Charles X et son fils avaient abdiqué ; « la couronne revenait à son petit-fils mineur. « Charles X avait nommé régent, le prince du « sang le plus proche, le duc d'Orléans. Le duc « d'Orléans avait accepté la régence ; mais les « Chambres ont prononcé la déchéance du pe- « tit-fils du roi déchu, l'ont banni du royaume « et ont invité le duc d'Orléans à prendre le « titre royal (1).

---

(1) Il est vrai que Charles X dans son acte d'abdication, avait confié au duc d'Orléans le gouvernement de la France pendant la minorité d'Henri V : mais le duc d'Orléans n'a jamais voulu accepter la régence, cette haute situation ne satisfaisait pas son ambition ; il voulait être Roi.

Les Chambres n'ont prononcé ni la déchéance, ni le bannissement d'Henri V, pour inviter le duc d'Orléans à prendre le titre royal. Elles se sont bornées à déclarer que le départ de la branche aînée laissait le trône vacant. Or, ce départ de la dynastie, c'est Louis-Philippe qui l'avait organisé pour amener la vacance du trône. En forçant Henri V et la famille royale à quitter le territoire français, Louis-Philippe fut donc tuteur infidèle. — Voilà sa responsabilité devant l'histoire.

(LOUIS DE LA ROQUE.)

« D'élévation au trône, de choix, de *meilleur* « *des républicains*, il n'a été question de rien « de tout cela : on a simplement suivi l'ordre de « succession et appelé au trône, en vertu de ce « principe, le prince le plus proche. La seule « concession faite aux idées ultrà-révolution- « naires, ça été de dire dans une proclamation « à l'armée : *Sa Majesté le Roi des Français* « *unit la légitimité du droit à celle du choix.* « C'est à ce point de vue que Louis-Philippe a « considéré son avénement ; il n'a point déclaré, « comme Charles XIII de Suède, qu'il faisait « passer la légitimité du choix avant celle du « droit....

« A défaut de la branche aînée, les Chambres « ont reconnu que la couronne revenait d'elle- « même à la branche cadette ; elles n'ont voulu « ainsi ni changer la dynastie, ni briser la cou- « ronne...

« On ne saurait assez répéter que la branche « cadette n'a été appelée au trône que par l'or- « dre de succession tel que la constitution l'avait

« déterminé : les Chambres n'ont fait autre « chose que de se conformer à cet ordre, et n'ont « attribué à Louis-Philippe aucun droit de suc- « cession qu'il ne tînt déjà de Dieu et de son « droit...

« La révolution de Juillet ne s'est pas faite « contre la monarchie ni contre la constitution « monarchique ; elle ne s'est pas faite contre la « maison de Bourbon, encore moins contre la « branche cadette de cette maison, mais seule- « ment contre la branche aînée (1) ..

« La maison d'Orléans est montée, en vertu de « la loi de succession, sur un trône que la renon- « ciation et le bannissement de la branche aî- « née avait rendu vacant. Les Chambres n'ont « pas rendu, comme le parlement d'Angleterre, « en 1688, un acte spécial, mais ont admis avec « raison que la couronne avait passé, en vertu « de la constitution et de l'ordre de succession,

---

(1) Ajoutons ; *et par la branche cadette.*

(LOUIS DE LA ROQUE.)

« à la maison d'Orléans, et elles se sont bornées « à proclamer la vacance du trône et à inviter « Louis-Philippe à prendre le titre royal. L'au- « teur des *Observations* (Bemerkungen), est « dans une grande erreur s'il croit que Louis- « Philippe tient sa couronne d'une disposition « que le peuple aurait fait en sa faveur. Le peu- « ple ni les Chambres n'ont fait aucune disposi- « tion de ce genre ; c'est la loi de succession qui « appelle la branche cadette à succéder à défaut « de la branche aînée qui seule ici a disposé de « la couronne... »

Voilà donc au nom de quelle doctrine les fils de Louis-Philippe ont contracté leurs alliances avec des princesses étrangères. Il nous est impossible de croire qu'ils donnent mission de défendre aujourd'hui les intérêts de leurs enfants au nom des principes révolutionnaires qu'invoquent les conseils de la maison d'Orléans.

NOTES HISTORIQUES.

(Voir la page 11.)

A la rentrée en France, en 1814, Louis XVIII prit sur le domaine de l'Etat plus de 300 millions de biens qu'il donna à la maison d'Orléans. Charles X, en 1825, lui fit accorder 18 millions sur le milliard d'indemnité et contribua de tout son pouvoir à ce que le duc de Bourbon léguât son immense fortune, 80 millions, au duc d'Aumale.

Rappelons maintenant en quelques mots comment le duc d'Orléans répondait à toutes ces libéralités.

Depuis sa rentrée en France, sa vie fut une conspiration perpétuelle contre ses bienfaiteurs; l'excès de bonté amena l'ingratitude après lui : c'est dans l'ordre.

Aux libéralités de Louis XVIII, il répond : pendant les cent jours, par deux mémoires qu'il adressa au Congrès de Vienne, et dans lesquels, tout en expliquant les causes qui avaient amené le renversement de la maison de Bourbon en 1789 et 1814, il veut suggérer au Congrès qu'il saura éviter l'écueil contre lequel Louis XVIII venait de se briser.

Au lieu d'aller à Gand auprès du Roi qui l'y

avait mandé deux fois, il se rend à Londres et ne rentre en France qu'en 1816.

En 1816, il a une main dans la conspiration du malheureux Didier, à Grenoble : autrement la haute fortune de M. Barthe après 1830, est inexplicable.

Dès 1820, et surtout depuis 1825, cette année marquée par tant de faveurs de la part de Charles X, et jusqu'à la fin de la Restauration, nous le voyons grouper autour de lui les patriotes de 1789, recueillir dans son cabinet les mécontents de toutes les époques, recevoir en secret les chefs de l'opposition, attaquer sévèrement dans les épanchements intimes la marche du gouvernement établi.

On se rappelle qu'en 1827 M. Cauchois-Lemaire engagea publiquement le duc d'Orléans à *ramasser la couronne.*

Ses projets étaient si avancés à cette époque que Stanislas Girardin, à son lit de mort, put lui dire en lui pressant la main :

J'ai du moins le bonheur d'emporter au tombeau la pensée que vous serez roi.

Il fut roi le 7 août 1830.

(*Documents authentiques sur les Biens de la famille d'Orléans*, par ALEX. DE LASSALLE et LOUIS DE LA ROQUE.)

(Voir la page 27.)

Voici dans quels termes Louis-Philippe annonçait son arrivée à Paris :

« Habitants de Paris,

« Les députés de la France, en ce moment « réunis à Paris, m'ont *exprimé le désir* que

« que je me rendisse dans cette capitale *pour y* « *exercer* les fonctions de lieutenant-général « du royaume.

« *Je n'ai pas balancé à venir partager vos* « *dangers*, à me placer au milieu de votre héroï- « que population et à faire tous mes efforts pour « vous préserver des calamités de la guerre ci- « vile et de l'anarchie.

« En rentrant dans la ville de Paris, je portais « avec orgueil ces couleurs glorieuses que vous « avez reprises et que j'avais moi-même long- « temps portées.

« Les Chambres vont se réunir : elles avise- « ront au moyen d'assurer le règne des lois et « le maintien des droits de la nation.

« *La Charte sera désormais une vérité.*

« LOUIS-PHILIPPE D'ORLÉANS.

« 31 Juillet 1830. »

(Voir la page 32.)

Un document officiel nous apprend que Louis-Philippe seul, agissant comme lieutenant-général, sans le concours d'aucun pouvoir révolutionnaire, a dirigé sur Rambouillet une force militaire avec des commissaires chargés par lui de contraindre la dynastie à partir de Rambouillet et à s'embarquer à Cherbourg, où des vaisseaux furent envoyés pour la conduire en Angleterre.

Nous lisons en effet dans le *Moniteur* du 6 août une note officielle qui dégage parfaitement les 219 députés de 1830 de l'expulsion de Charles X, et reporte le fait de cette expulsion sur Louis-Philippe d'Orléans.

Voici cette note du *Moniteur* :

« Charles X avait formé à Rambouillet un camp où s'étaient groupés autour de lui divers corps de la garde royale. On ne pouvait laisser subsister aux portes de la capitale une force armée qui ne relevait pas du gouvernement établi, et qui, par sa seule présence près de Paris, y entretenait dans la population un état d'irritation dangereuse; en effet, l'agitation augmentait d'une manière effrayante dans la capitale, et il y avait à tout instant *lieu de craindre que des masses populaires ne s'ébranlassent et ne se missent en marche sur Rambouillet* (1).

« Le lieutenant-général du royaume reconnut alors la nécessité de devancer le mouvement que la prolongation du séjour du roi Charles X à Rambouillet ne pouvait manquer de produire, afin de placer à sa tête des chefs qui, en le régularisant, prévinssent les excès qu'on aurait pu redouter. Il sentit même que les sentiments personnels d'affection et de parenté lui dictaient les mêmes mesures qui lui étaient commandées par ses devoirs envers la patrie, et surtout par celui d'arrêter l'effusion de sang, et d'empêcher les Français de s'entrégorger de nouveau.

« Le lieutenant-général se détermina donc à prendre à temps une détermination subite et vigoureuse. IL ORDONNA AU GÉNÉRAL LA-

---

(1) Ainsi ces masses ne s'étaient pas encore ébranlées, quoiqu'elles fussent très probablement fortement travaillées dans ce sens par le parti Orléaniste.

FAYETTE DE FAIRE MARCHER SIX MILLE HOMMES DE GARDE NATIONALE DANS LA DIRECTION DE RAMBOUILLET, *espérant que cette démonstration suffirait*, POUR DÉTERMINER CHARLES X A PRENDRE LE SEUL PARTI QUE TANT DE CIRCONSTANCES SE RÉUNISSAIENT POUR LUI FAIRE ADOPTER, CELUI DE S'ÉLOIGNER et de dissoudre le rassemblement dont il était entouré. Mais aussitôt qu'on vit la garde nationale se préparer à marcher, le nombre de ceux qui s'y joignirent volontairement prit une telle extension, que quarante à cinquante mille hommes se mirent aussitôt en route avec cet élan qui caractérise le peuple français dans ses entreprises : la rapidité, l'énergie de ce mouvement a prouvé tout ce qu'il peut, LORSQU'IL EST D'ACCORD DE PRINCIPES ET D'ACTION AVEC SON GOUVERNEMENT.

« Toutefois, en même temps que le duc d'Orléans satisfaisait avec tant de résolution à ses devoirs comme chef de l'État, il accordait tout ce qu'il devait au malheur et à la dignité de la France. Il désignait commissaires, le maréchal Maison, M. Schonen et M. Odilon Barrot, pour se *transporter* auprès du roi Charles X, *et veiller* à sa sûreté JUSQUES A LA FRONTIÈRE. »

Quelle tendre sollicitude ! « Vous ne quitte-
« rez pas mes parents que vous ne les ayez vus
« embarqués ; car jusque-là je serais inquiet sur
« leur sûreté. » Telle est la recommandation que Louis-Philippe fit à ceux qu'il chargeait de cette mission de confiance.

Par malheur cette sollicitude reçoit un démenti terrible par une autre recommandation faite à l'amiral D'Urville, qui devait escorter jusqu'en Angleterre la famille royale expulsée. Cet amiral reçut de Louis-Philippe l'ordre de *couler* le vaisseau qui contenait les trois générations de rois légitimes, si ce vaisseau faisait une tentative pour revenir vers les côtes de France.

Ainsi le régicide se dégagea une seconde fois de cette pensée d'usurpation qui avait causé la mort de Louis XVI. Louis-Philippe d'Orléans ne recula pas plus que son père devant la mort de son parent et de son roi. Les bienfaits de Louis XVIII et de Charles X tombant dans ce cœur desséché, n'y avaient fécondé que le crime!

H. DE LOURDOUEIX, *la Revolution c'est l'Orléanisme,* pag. 60, 61, 62, 63. 1852. (Chez DENTU.)

J'ai parfaitement conservé et conserverai toute ma vie le souvenir de l'effet que la vue des trois commissaires fit sur moi, et celui du jugement que j'en portai. Il ne fut favorable à aucun d'eux, quoiqu'il s'appliquât à chacun avec des nuances fort différentes. Leur mission, d'ailleurs, comme on peut le penser, m'inspirait de l'horreur et du mépris.

M. le maréchal Maison, dont je n'ai eu qu'à me louer personnellement dans cette triste circonstance, me parut un peu honteux du rôle qu'il jouait : était-il digne, en effet, d'un vieux militaire qui avait en tout temps servi avec honneur, et qui tenait de Charles X la haute dignité de maréchal de France !

M. le baron de Schonen, en costume de député, les fleurs de lys au collet, marchait dans la salle comme une âme en peine sans paraître donner son avis sur aucune question. Je me souvins, à sa vue et en pensant à sa mission, du discours révolutionnaire qu'il avait prononcé sur la tombe de Manuel : il rêvait peut-être déjà à la place avantageuse que sa participation à l'association républicaine, *Aide-toi le ciel t'aidera*, et son dévouement au nouvel ordre de choses devaient lui donner.

Quant à M. Odilon Barrot qui aurait été, si l'on en croyait certains bruits, volontaire royal pendant les Cent-Jours, il était vêtu d'un uniforme de la garde nationale.

Son air était *sérieux, sévère même, capable et prépondérant*, son extérieur médiocre, sa taille peu avantageuse si l'on la comparait à la haute et forte stature de ses deux collègues ; tout en lui me rappelait un peu l'idée que je m'étais faite autrefois des membres du *Comité de Salut public*, délibérant froidement sur la destinée des princes qu'ils s'arrogeaient le droit de juger.

Cette fois il ne s'agissait que d'assurer l'exécution d'une décision provisoire d'exil prononcée par je ne sais qui.

(Vicomte de Foucauld, ancien colonel de la gendarmerie de Paris. — *Mémoires sur les évènements de Juillet* 1830, *page* 133. 1851.)

Voici une lettre adressée par Louis Philippe au lieutenant-général Pajol, le 2 août 1830, que nous trouvons dans un ouvrage publié en 1834, autorisé par le ministre de la guerre d'alors, et ayant pour titre : *Fastes de la Légion-d'Honneur.* (*Biographie* du lieutenant-général PAJOL.)

Lieutenance-générale du Royaume.

« Paris, le 3 août 1830.

« S. M. Charles X ayant abdiqué la couronne « et S. A. R. monseigneur le Dauphin ayant « également renoncé à ses droits, *il est devenu « indispensable qu'ils s'éloignent immédiate- « ment du territoire français* : en conséquence, « le lieutenant-général Pajol est chargé de pren- « dre *toutes les mesures pour les y détermi- « ner*, et pour veiller à la sûreté de leurs per- « sonnes. Il sera mis à sa disposition toutes les « *forces dont il aura besoin.*

« LOUIS-PHILIPPE D'ORLÉANS.

« Le commissaire-provisoire au départe- « ment de la guerre,

« Comte GÉRARD. »

Le 20 août, Louis-Philippe, par l'intermédiaire de son Ministre de la guerre, félicitait en ces termes le général Hulot de la manière dont il s'était acquitté de sa mission (1) :

Général,

Le commandement qui vous a été confié était nécessité par les circonstances dans lesquelles on se trouvait ; *c'était une mission d'une grande importance.* Vous l'avez remplie parfaitement

(1) Voir la page 29.

sous tous les rapports. J'en ai rendu compte au Roi. Sa Majesté me charge de vous témoigner sa satisfaction des sages dispositions que vous avez prises et dans l'exécution desquelles vous avez montré autant de vigueur que de prudence.

Le ministre de la guerre,

Comte GÉRARD,

20 août 1830.

A M. le général HULOT.

Quelque temps après le voyage de Cherbourg, Dumont-D'Urville fut nommé amiral et comblé de faveurs par Louis-Philippe. On sait qu'il n'en a pas joui longtemps, et que lui, sa femme et son fils unique moururent cruellement mutilés dans un wagon sur la route de Versailles, le 4 mai 1842. Tout le monde se rappela alors le voyage de Cherbourg; il n'y eut que le fils du duc de Berry qui parut l'avoir oublié avec une générosité bien digne de son illustre race. L'année suivante on ouvrit une souscription pour lui élever un monument à Condé-sur-Noireau, sa patrie. Le comte de Chambord souscrivit pour une somme de cinq cents francs!

Voir la page 43.

Les gardes-du-corps étaient divisés en quatre compagnies :

La première était commandée par le prince de Croï;

La seconde, par le prince de Luxembourg;

La troisième, par le duc de Noailles;

La quatrième, par le duc de Grammont.

Les officiers supérieurs étaient:

MM. de Bonneval; du Cosquer; du Roure, de Montmort; de Sainte-Aldegonde; de Naylies; de la Maisonfort; de la Bretonnière; de Fraguier; le prince de Lucinge et le vénérable comte de Pellan, doyen des officiers des gardes-du-corps.

L'étendard de la compagnie de Croï était porté par M. Dumesnil; celui de la compagnie de Luxembourg, par M. de Suze; celui de la compagnie de Noailles, par M. de Chabrignac; celui de la compagnie de Grammont, par M. de Brancion.

Parmi les courtisans du malheur qui escortèrent le Roi jusqu'à son vaisseau, nous citons les noms de MM. de la Rochejacquelein, baron de Charette, le comte Alfred de Damas, frère du baron de Damas, gouverneur du duc de Bordeaux; les généraux Gressot et Trogof; Auguste de Choiseul, Emmanuel de Brissac, de Ogherty, de Baufremont, de la Roche-Fontenille, de Laigle, de Fontenoy, le colonel de Maupas, de Barbançois, de la Villatte, de Barande, etc., etc.

Voir la page 62.

Dans l'intervalle qui s'écoula entre la *lieutenance générale et l'investiture royale* une grande discussion occupa le Conseil. Il s'agissait de savoir sous quel nom le duc d'Orléans monterait sur le trône de France. Le roi des barricades s'appellerait-t-il Philippe VII ou Philippe Ier ? Serait-il roi par la grâce de Dieu ou par la volonté de la Nation ? On croit rêver quand on apprend de pareilles choses. Il est cependant très vrai que le *Philippe VII* et *la grâce de Dieu* furent l'objet de plusieurs délibérations, qu'on prit les opinions des membres du Conseil et qu'une résolution ne fut adoptée qu'après qu'on eut été aux voix et constaté régulièrement la majorité. Les doctrinaires, et particulièrement MM. Guizot et de Broglie, insistaient sur la nécessité de ne point changer de principe en changeant de roi. (SARRANS. — *Louis-Philippe et la Révolution de* 1830, *t.* 2, *p.* 112.)

Lafayette s'opposait à la dénomination de *Philippe VII*, qu'il appelait indigne d'une monarchie républicaine. Le duc d'Orléans lui écrivit de sa main ces mots anglais :

You have gained your point :

il sera fait comme vous l'avez voulu.

(*Lafayette et la Révolution de* 1830, tome I, page 298.)

Voir la page 118.

LETTRE DE S. M. LE ROI DES FRANÇAIS A S. M. L'EMPEREUR DE RUSSIE.

« Monsieur mon Frère,

« J'annonce mon avénement à la couronne à Votre Majesté Impériale, par la lettre que le général Athalin lui présentera en mon nom ; mais j'ai besoin de lui parler avec une entière confiance sur les suites d'une catastrophe que j'aurais tant voulu prévenir.

« Il y a longtemps que je regrettais que le roi Charles X et son gouvernement ne suivissent pas une marche mieux calculée pour répondre à l'attente et au vœu de la nation. J'étais bien loin de prévoir les prodigieux événements qui viennent de se passer, et je croyais même qu'à défaut de cette allure franche et loyale dans l'esprit de la Charte et de nos institutions qu'il était impossible d'obtenir, il aurait suffi d'un peu de prudence et de modération pour que ce gouvernement pût aller longtemps comme il allait; mais depuis le 8 août 1829, la nouvelle composition du ministère m'avait fort alarmé; je voyais à quel point cette composition était suspecte et odieuse à la nation et je partageais l'inquiétude générale sur les mesures que nous devions en attendre. Néanmoins, l'attachement aux lois, l'amour de l'ordre, ont fait de tels progrès en France, que la résistance à ce ministère ne serait certainement pas sortie des voies parlementaires, si, dans son délire, ce ministère lui-même n'eut donné le fatal signal par la plus audacieuse violation de la Charte et par l'abolition de toutes les garanties de nos libertés nationales, pour lesquelles il n'est guère de Français qui ne soit prêt à verser son sang. Aucun excès n'a suivi cette lutte terrible.

« Mais il était difficile qu'il n'en résultât pas quelque ébranlement dans notre état social; et cette même exaltation des esprits, qui les avait détournés de tant de désordres, les portait en même temps vers des essais de théories politiques qui auraient précipité la France, et peut-être l'Europe, dans de terribles calamités.

« C'est dans cette situation, Sire, que tous les yeux se sont tournés vers moi; les vaincus eux-mêmes m'ont cru nécessaire à leur salut, je l'étais encore plus peut-être pour que les vainqueurs ne laissassent pas dégénérer la victoire : j'ai donc accepté cette tâche noble et pénible, et j'ai écarté toutes les considérations personnelles qui se réunissaient pour me faire désirer d'en être dispensé, parce que j'ai senti que la moindre hésitation de ma part pourrait compromettre l'avenir de la France et le repos de tous nos voisins. Le titre de lieutenant-général, qui laissait tout en question, excitait une défiance dangereuse, et il fallait se hâter de sortir de l'état provisoire, tant pour inspirer la confiance nécessaire que pour sauver cette Charte si essentielle à conserver, dont feu l'Empereur, votre auguste frère, connaissait si bien l'importance, et qui aurait été compromise si l'on n'eût promptement satisfait et rassuré les esprits.

Il n'échappera pas à la perspicacité de Votre Majesté, ni à sa haute sagesse, que pour atteindre ce but salutaire, il est bien désirable que les affaires de Paris soient envisagées sous leur véritable aspect, et que l'Europe, rendant justice aux motifs qui m'ont dirigé, entoure mon gouvernement de la confiance qu'il a droit d'inspirer ; que Votre Majesté veuille bien ne pas perdre de vue, que tant que Charles X a régné sur la France, j'ai été le plus soumis et le plus fidèle de ses sujets, et que ce n'est qu'au moment où j'ai vu l'action des lois paralysée et l'exercice de l'autorité royale totalement anéanti, que j'ai cru de mon devoir de déférer au vœu national, en acceptant la couronne à laquelle j'ai été appelé. C'est sur vous, Sire, que la France a surtout les yeux fixés ; elle aime à voir dans la Russie, son allié le plus naturel et le plus puissant, et sa confiance ne sera point trompée. J'en ai pour garantie le noble caractère et toutes les qualités qui distinguent Votre Majesté Impériale. Je la prie d'agréer les assurances de la haute estime et de l'inaltérable amitié avec laquelle je suis,

« Monsieur mon frère,
« De Votre Majesté Impériale,
« Le bon frère,
« LOUIS-PHILIPPE.

« Paris, le 19 août 1830. »

LETTRE DE L'EMPEREUR NICOLAS A LOUIS-PHILIPPE.

« J'ai reçu des mains du général Athalin la lettre dont il a été porteur. Des événements à jamais déplorables ont placé Votre Majesté dans une cruelle alternative. Elle a pris une détermination qui lui a paru la seule propre à sauver la France de plus grandes calamités, et je ne me prononcerai pas sur les considérations qui ont guidé Votre Majesté; mais je forme des vœux pour que la Providence divine veuille bénir ses intentions et les efforts qu'elle va faire pour le bonheur du peuple français.

« De concert avec mes alliés, je me plais à accueillir le désir que Votre Majesté a exprimé d'entretenir des relations de paix et d'amitié avec tous les États de l'Europe. Tant qu'elles seront basées sur les traités existants et sur la ferme volonté de respecter les droits et les obligations, ainsi que l'état de possession territoriale qu'ils ont consacrés, l'Europe y trouvera une garantie de la paix, si nécessaire au repos de la France elle-même. Appelé conjointement avec mes alliés à cultiver avec la France, sous son gouvernement, ces relations conservatrices, j'y apporterai pour ma part toute la sollicitude qu'elles réclament, et les dispositions dont j'aime à offrir à Votre Majesté l'assurance en retour des sentiments qu'elle m'a exprimés.

« NICOLAS. »

Voir la page 120.

Mon cher Duc,

Un courrier qui m'est arrivé cette nuit apporte la nouvelle que l'Empereur vous recevra avec la plus vive satisfaction, vous en trouverez une preuve de plus dans la lettre ci-jointe pour vous du comte de Nesselrode.

Je viens de communiquer ces heureux renseignements au général Sébastiani qui est allé en rendre compte au Roi. Après votre nomination et son insertion au *Moniteur*, je présenterai immédiatement mes lettres de créance. Gardez, en attendant, tout cela pour vous seul. Parlez-en cependant avec le Roi et le ministre et hâtez ce qui doit précéder votre départ.

Agréez mes compliments bien sincères et tous mes sentiments.

Votre très dévoué.

POZZO-DI-BORGO.

Jeudi, le 7 janvier.

A MONSIEUR LE DUC DE MORTEMART.

L'Empereur me charge, mon cher Duc, de vous témoigner de sa part, combien la mission qui doit vous ramener en Russie lui est personnellement agréable. Dans cette circonstance il a daigné se rappeler qu'en prenant congé, vous lui avez donné l'assurance que si jamais l'occasion se présentait de rendre un service spécial à l'union entre la Russie et la France, vous seriez prêt à revenir auprès de Sa Majesté, afin de consacrer tous vos efforts pour obtenir un résultat aussi conforme aux intérêts des deux Empires, qu'il serait d'accord avec les intentions et les vœux de l'Empereur.

Vous venez de prouver, mon cher Duc, que vous tenez à remplir votre promesse. Sa Majesté se plaît à vous le dire. Elle aimera encore davantage à vous le répéter de vive voix. Je n'ajouterai rien de plus aujourd'hui, car vous connaissez trop bien les sentiments de l'Empereur à votre égard, pour ne pas être sûr de la satisfaction avec laquelle Sa Majesté verra de nouveau auprès d'elle un compagnon d'armes de la guerre de Turquie, qu'elle se plaît à honorer de son estime et de sa confiance.

Permettez-moi, en mon particulier, de vous exprimer le plaisir bien sincère que j'aurai à renouer avec vous, mon cher Duc, des relations auxquelles j'ai toujours attaché tant de prix.

Recevez-en l'assurance ainsi que celle de ma haute considération et de ma sincère amitié.

NESSELRODE.

Saint-Pétersbourg, décembre 1830.

Nous rapportons ici l'importante dépêche dont M. de Mortemart fut porteur, d'après un très honorable personnage (1), à qui S. M. I. a fait l'honneur de la lire elle-même plusieurs fois, terminant chaque lecture par de violentes invectives contre Louis-Philippe :

« Sire, que Votre Majesté soit bien assurée « que je n'ai reçu la couronne que pour la re- « mettre quand il en sera temps à qui elle ap- « partient, et quand j'aurai rendu le terrain « plus facile pour le jeune prince qu'il ne le se- « rait aujourd'hui. Cette nation qui depuis la fin « du dernier siècle n'a cessé de porter le trou- « ble en Europe par les armes et par ses opi- « nions démagogiques, je prends l'engagement « formel, si l'on m'en laisse le temps, de la ren- « dre aussi calme et aussi souple qu'elle a été « agitée et dangereuse pour ses voisins. Le « prince à qui la couronne appartient est trop « jeune pour gouverner une nation aussi diffi- « cile ; il serait emporté par le torrent des pas- « sions révolutionnaires. Je ne demande que le « temps nécessaire pour lui préparer la place « et prouver ma bonne foi et ma loyauté. »

Telle est la substance de cette dépêche mémorable et si importante dans l'histoire.

(MICHAUD, *Biographie de Louis-Philippe*. page 253-254.)

Le cabinet de Paris envoya à Saint-Pétersbourg un personnage honoré de la bienveillance de l'Empereur Nicolas. Les communica-

---

(1) Le général Donnadieu.

tions confidentielles furent de nature à satisfaire le partisans les plus prononcés du principe de la légitimité.

On peut affirmer que ces communications avaient été conformes à celles de la nuit du 31 juillet (1).

Quant à l'existence même de ces communications, elle nous a été garantie par le marquis de Paulucci, qui en avait reçu la certitude de la bouche même de l'Empereur Nicolas, auprès duquel il était en mission extraordinaire.

DE VALMY.

(*De la force du Droit*, page 196.)

---

(1) Voir la page 22.

FIN

TABLE DES MATIÈRES.

PARIS. — IMPRIMERIE DE H. CARION, PÈRE, RUE RICHER, 20.

www.ingramcontent.com/pod-product-compliance
Ingram Content Group UK Ltd.
Pitfield, Milton Keynes, MK11 3LW, UK
UKHW020335230726
13925UKWH00002B/810

9 782019 282257